闪光的群体

上海市
"劳模年度人物"
2014

上海市总工会 编

上海三联书店

编委会

主　编

杜仁伟

副主编

丁　巍　陈必华

编　委

钱传东　彭剑明　陈启甸

段芬芳　侯伟康

序

上海市人大常委会副主任、市总工会主席

　　劳动模范是民族的精英、人民的楷模，是我国工人阶级中一个闪光的群体。当前，上海正处于全面深化改革、全面推进依法治国、实施创新驱动发展战略、建设具有国际影响力的科技创新中心的重要发展阶段，上海工人阶级责任重大、使命光荣，劳模先进这一闪光群体，更要勇立潮头，堪当重任，发挥骨干带头和示范引领作用，团结带领广大职工争做坚定理想信念的模范、勤奋劳动的模范、增进团结的模范。

　　为在全社会树立一批当年有重大影响、重大成果和重大贡献的先进群体，更好地引导职工群众弘扬劳模精神、劳动精神、工人阶级伟大品格，上海市劳动模范协会在符合条件的劳模先进中，开展了"2014年上海市'劳模年度人物'"推荐选树活动。荣膺"2014年上海市'劳模年度人物'"的十位劳模可谓名至实归，他们中既有创新实践、不断进取的"航天领军人"翁伟樑、

"绿色能源专家"王如竹、"大飞机圆梦人"严林芳、"资本市场俏红娘"杨艳华，又有关心民生、服务群众"造福村民的好书记"苏兴华、"职工信赖的'娘家人'"吴振祥、"阳光动迁第一人"张国樑、"为病家谋幸福"的葛均波；既有"火眼金睛国门卫士"高波，又有徜徉艺术、放飞梦想的"醉陶人"蒋国兴。在培育和践行社会主义核心价值观的进程中，正是他们以自己的实际行动和崇高品德，铸就了"爱岗敬业、争创一流，艰苦奋斗、勇于创新，淡泊名利、甘于奉献"的新时期劳模精神，赢得了人民的尊敬和社会的赞誉，值得全社会学习和铭记。

劳动是财富的源泉，也是幸福的源泉。人世间的美好梦想，只有通过辛勤劳动才能实现；发展中的各种难题，只有通过诚实劳动才能破解；生命里的一切辉煌，只有通过科学劳动才能铸就。阅读《闪光的群体》，既是以书为媒，感知劳模的所言所行、所感所悟，学习他们高度的主人翁责任感、卓越的劳动创造和忘我的拼搏奉献；更是观照自我，激励自己学习新知、苦练内功、增强本领、提升素质，早日进入有智慧、有技术、能发明、会创新的高素质职工队伍行列。

涓涓细流只有汇入无际的大海，才能成为奔腾的浪花；点点星光只有汇入浩瀚的宇宙，才能展露耀眼的光芒。衷心希望广大读者尤其是职工群众从书中吸收养分，汲取力量，用勤劳和智慧诠释"劳动美"，以拼搏和奉献助推"中国梦"，在伟大时代的洪流中砥砺奋进、奋勇前行！

Contents

目　录

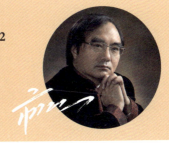

造福村民的好书记

——苏兴华

颁奖词

　　你的成功，是因为把心血和才智奉献给了父老乡亲。你以"做官先做人，万事民为先"为行为标准，扎根乡村，恪尽职守，在希望的田野上传递着温暖、守望着幸福。你在村民心中树立起了一座公正廉洁、为民服务的丰碑。

职业履历

姓　　名	苏兴华
年　　龄	59
性　　别	男
单　　位	嘉定区江桥镇太平村
学　　历	大专
职　　务	书记、主任
职　　称	高级经营师

荣誉榜

★ 上海市劳动模范
★ 全国劳动模范
★ 光荣与力量——第四届"感动上海"年度十大人物

职业经历

★ 在嘉定区江桥镇太平村土生土长，22岁当上了太平村苏家生产队队长。
★ 历任太平村企业负责人兼太平总厂厂长、上海海鹰实业公司总经理、太平村党支部副书记、太平村党总支书记、村委会主任等职务。
★ 现任太平村党委书记、村委会主任。

职业生涯中最难忘的事

上世纪90年代末，在市场体制改革的大潮中，村里的经济发展了，村民的生活改善了，然而社会治理与管理的问题却凸显了，村民的意见也增加了。于是，我会同村"两委"班子成员通过近一年的时间进百家门，聊百家情，解百家忧。并召开群众座谈会把村里的情况一一向他们解释清楚。最终得到了群众的谅解。他们说："苏书记啊，这些情况如果你早点给我们讲清楚，那我们就对村里没有那么多的误解了。"村民们的这句话，从此坚定了我"走基层民主之路"的信心和决心。

职业生涯的自我评价

困难面前不气馁，荣誉面前不骄躁。

职业格言

为官一任，造福一方。

心中偶像　焦裕禄
兴趣爱好　读书、看报

劳模风范

造福村民的好书记

文/仲 礼

苏兴华和他所热爱的这片土地

1990年，苏兴华被推上太平村党支部书记这个岗位时，太平村年可支配财力只有31万元，村民年均收入只有2360元，而欠债和贷款却有700多万元。当时，村里到处是破旧的老房子，连一条通向交通要道的公路都没有，村民生活状况可见一斑。

二十余年中，苏兴华辛勤带领村民筑路造厂、建立工业园区、招商引资、兴办企业，使得村民在经济和生活上有了翻天覆地的改变，仅2012年，村可支配财力就达到了1370万元，村民年劳均收入达到了31939元，上缴税收202亿多元。

但苏兴华为他所热爱的这片土地作出的贡献，并不仅限于经济上的发展。

这个永远把村民的事情记得比自己的家事更清楚的书记，总是时时刻刻在想着为村民们排忧解难，让大家过上更幸福的生活。苏兴华在解决一个又一个难题的过程中，总结出的经验，汲取的智慧，终于在实践中一步一步建立起一套让全村人信服并乐意执行的"五个让"（村里的事，让村民知晓、让村民做主、让村民监督、让新村民融入、让村民满意）民主自治模式。

这是个漫长的过程。苏兴华几乎是用摸着石头过河的勇气，带领着村民们进行探索，将这条看不见的民主道路一步一个脚印地踩了出来。在这条路上，曾有过误会与争执，有过质疑与不满，但最终它们都化为理解和感动，在大家的脸上酿出幸福的笑容。

在苏兴华的积极推动下，太平村出台了村民代表会议表

苏兴华在解决一个又一个难题的过程中，总结出的经验，汲取的智慧，终于在实践中一步一步建立起一套让全村人信服并乐意执行的"五个让"民主自治模式。

决制、干部述职评议制、村民代表联名提案制等多项民主管理措施和办法，让村民真正参与到村里大事小事的决策中来。如今，太平村的村民已经形成强烈的主人翁意识，不需要谁去督促，他们也会自觉地遵守大家共同制定的规章制度，自觉地为村子更美好的明天而出言献策。每当这种时候，苏兴华的笑容总是格外灿烂。

苏兴华的心里始终装着太平村的父老乡亲，他将继续怀着对家乡的美好祈愿，带领村民们把这条民主路走下去。

经济发展了，问题却多起来

苏兴华是土生土长的太平村人。1978年，刚满20岁的苏兴华开始担任太平村苏家生产队队长，由于工作努力，不久就被评为先进工作者。此后，苏兴华先后担任太平村联合总厂厂长、太平村金属制品厂厂长、村工业主任，"无工不富"的意识深深地烙在他的脑子里。

1990年，苏兴华开始担任太平村党支部书记和村委会主任。苏兴华把村民们的烦恼看在眼里，为了彻底改变村里的经济状况，苏兴华结合太平村的地理位置和实际情况，多次与村"两委"（村支部、村委会）班子讨论，确定了发展方向：招商引资，发展工业经济。

但是村子里没有一条像样的公路，仅有一条狭小的泥石路，根本无法供大型车辆进出，严重制约了太平村招商引资规划的实施。苏兴华知道，只有解决了道路问题，才会有中外老板愿意落户太平村，进而带动村里的经济发展，最终改善村民们的生活状况。

为了解决这一问题，苏兴华和村干部们再三商量，最终决定修建一条工业园区连接312国道的道路。然而，谁也没有想到，正在苏兴华辛辛苦苦解决筑路用地问题、筹集资金的时候，一场风波突然来临。

筑路工程刚开工，村民们便纷纷到村里提意见、骂干部，甚至还有过激的村民到施工现场切断了施工电源。面对村民们的反应，苏兴华心中的委屈和不解一闪即逝，立刻和"两委"班子通过会议研究村民反对筑路的原因，发现根本原因在于村民并不懂得这条路将会带来的好处。经过村干部们的耐心解释，误会消除了，路也筑好了，企业一个接一个地落户太平村工业园区。

这时，苏兴华心中已经隐隐有了一个想法。

随着太平村进入高速发展时期，村民的生活也有了很大改善。但是，一个奇怪的现象却出现了：村里的经济发展起来了，但问题却多了起来。

1998年的一个早上，苏兴华刚刚走进办公室，三个村民就冲了进去，用手指着苏兴华气冲冲地指责起来。苏兴华虽然解释了其中的误会，缓解了村民情绪，但越来越严重的干群矛盾使他无法松一口气。

为什么干部们辛辛苦苦为村里做了那么多实实在在的事，彻底改变了村里的经济状况，村民们却不理解？这个问题困扰着苏兴华。再回想起当初的"筑路风波"，苏兴华意识到：必须弄明白这个问题，否则以后还会出现。

> 为什么干部们辛辛苦苦为村里做了那么多实实在在的事，彻底改变了村里的经济状况，村民们却不理解？

苏兴华精心准备了一次座谈会，会上，苏兴华把村里几件重要的事情向大家做了汇报，并且详详细细地说明了这么做的原因。一个多小时的汇报结束后，已经准备好接受责问甚至是谩骂的苏兴华，怎么也没想到会收获村民们的信任和期待。这个转变使得苏兴华明白了一个道理：干部们一心扑在发展经济上，同群众沟通少、交流少、关心群众困难少，群众自然会有意见、有困惑、有情绪，矛盾也就产生了。

要解决这个问题，就要密切联系群众，了解群众的意愿，让村民共同关心并且参与村里的发展。苏兴华和村干部们的迷惘、委屈、苦闷都烟消云散了，接下来，就是探索这条路该怎么走。

民主路上的探索

2001年8月，江桥镇党委决定搞农村基层单位制度建设的试点。已经通过召开座谈会、干部走访等方式与村民加强沟通并且深知其重要性的苏兴华在知道这一情况后，主动申请将镇党委制度建设的试点放在太平村。在别人眼里，苏兴华是在"自找麻烦"，但他自己却不这么想。

苏兴华的探索当然不是一帆风顺的。最初，苏兴华只能采用传统的"笨办法"，例如召开座谈会、去村民家里走访等等，将村民们的问题和困难都收集上来，在解决问题的过程中探寻方向。苏兴华将收集到的问题进行研究后，找到解决方案，并将议案发放到村民手中，让大家一起来投票表决。但最终，苏兴华只能收回其中一部分议案，而且，收起来的议案中也有人在上面乱写涂鸦，显然并没有当一回事。

　　苏兴华经过思索，知道没把议案当一回事的那部分村民要么是没把它当作自己的事，要么是心里有情绪而不愿意配合。了解了症结所在，苏兴华便立刻着手解决。他不厌其烦地给村民们解释议案的内容，让大家了解它对于每个村民自身的重要性，同时积极解决村民与干部间的沟通障碍。经过不懈努力，苏兴华发下去的议案，终于能完全收回来了。

　　这样的探索数之不尽。

　　苏兴华经过多年的实践和探索，以"五个让"为目标，陆续推动太平村形成了一系列民主自治工作制度，并编制成册，发放到每家每户，既便于村民了解、参与和监督村务工作，也有利于村民自觉遵守村规民约。

为了保证村民的知情权被有效落实，同时也为了使村民知晓有"法"可依、有案可查，苏兴华带头建立和完善了《太平村村民自治章程》、《太平村村务公开制度》、《太平村村民代表会议制度》、《财务管理》等72项制度和85本工作台账。为了让村民充分知晓村里的事情，苏兴华带着村干部们构建了以党总支为核心，以工、青、妇、老协等群众团体为载体的群众工作网络，把沟通的触角延伸到家家户户。

针对村里重大事项的决策，苏兴华在长期的工作经验中总结出一套"一听、二议、三表决、四公开、五反馈"的

五步工作法；在财务支出的管理方面，建立了严格的申报和审批手续；每年年底开展村干部述职评议工作，由村民户代表和村民代表集中听取村干部的年度工作述职报告，进行民主评议和投票打分，对考评不合格的干部当场免职；在干部的选举上，太平村将每年一次"小海选"、三年一次"大海选"的方法固定下来，并在2009年，在全嘉定区率先采用党总支"两推直选"办法，让村民共同参与党总支组成人员换

届工作。

为了真正实现村里的事村民监督，苏兴华组织成立了村务监督委员会。监督委员会下设党建、理财、村级管理、社会治理、新村民服务管理五个监督小组，各监督小组成员分别由党员代表和村民代表会议选举产生，重点对村务工作、制度执行、财务运作、村干部每月三次走访、村民意见落实、工程项目实施等情况进行监督、检查。

当太平村的这些制度、法规、机制建立起来，并成为日常工作守则时，苏兴华又主动放弃"一支笔"的签名权。"十多年来，我再也没有写过'同意，苏兴华'这五个字了。太平村已经从'人治'过渡到'法治'了。"

让新村民也融入"大家庭"里来

随着越来越多的外来务工人口进入太平村，苏兴华意识到外来人员对于太平村发展的重要性，但同时，外来人员的管理问题将会成为一个新的难题。

苏兴华在与外来人员的接触中，了解到外来人员对于"外地人"这个称呼有很大的意见，认为其中有歧视的意思。苏兴华很快在村"两委"会上提出这个问题，让大家讨论一个新的称呼出来。经过一番热烈的讨论，"新村民"这个能把外来人员当作一家人的新称呼被确定了下来。

确定了新的称呼，苏兴华考虑让新村民们进一步融入大家庭。2005年6月28日，太平村新村民党支部正式成立，这是上海市第一个外来人口党支部。很快，新村民党支部书记被选举出来，党支部成立了6个工作组，制订了工作职责和工

"十多年来，我再也没有写过'同意，苏兴华'这五个字了。太平村已经从'人治'过渡到'法治'了。"

作任务，并健全了新村民党员的学习制度、走访制度、谈心制度、结对帮困制度和参与村建活动制度，建立了新村民租房托管、新村民行为规范积分制、新村民服务管理网格化等工作机制。新村民党支部为新村民服务管理提供了坚强有力的组织支撑，架设起了外来人员与本村村民之间的桥梁和纽带，发挥了凝聚新村民的作用。

很快，新村民的管理问题得到了有效的改善，社会治安和秩序得到维护，新村民也自觉遵守太平村的各项村规民约。但随着更多新村民加入太平村这个大家庭，住房显得紧张了起来。原来，新村民是租用本村村民的住房，这样既显得分散，又给管理带来困难。苏兴华想到，何不在村里划出一块区域，专门给新村民建造一个"新村民家园"供他们租住？同时，这个项目还可以让本村村民投资入股，分取红利，又可以解决村民为增加租房收入而出现的违章搭建问题，可谓一举三得。

"新村民家园"项目很快通过表决投票。2005年11月，村"两委"将该项目提上日程，并提出村民入股，每年按不少于10%分红利。红利大大高于银行存款的利息，对此也有部分村民持怀疑态度。苏兴华耐心为有疑惑的村民解释了入股的好处，使得部分原本犹豫的村民也成为了"新村民家园"的股东。

现在，新村民能在太平村租住到便宜实惠、装修齐全的住房，股东们每年都能按时足额领取到红利（由于收益情况良好，股东们的红利也在逐年提升，2014年股东红利已提高到15%），一个方案，解决了诸多问题。

2011年8月28日，太平村召开了第一届新村民代表会议，

现在，新村民能在太平村租住到便宜实惠、装修齐全的住房，股东们每年都能按时足额领取到红利，一个方案，解决了诸多问题。

推进了民主管理向新村民延伸的举措。新村民代表会议是新村民在太平村行使民主权利、实行民主决策的组织，对全体新村民负责。随后，新村民管理委员会也在新村民代表大会的选举中产生，是新村民群众性自我管理和服务的组织。随着新村民管理工作的越来越完善，新村民在太平村找到了归属感，也更愿意为大家庭添砖加瓦。

为了村民的幸福生活

上面提到的这些举措，只是苏兴华多年来工作成果的一部分而已。例如，苏兴华创造性地将党支部建到了村民组，实现了"把党组织建到百姓家门口，把党工作做到村民心坎上"。2014年太平村又启动了产权制度的改革，明晰了产权，成立了社区经营合作社，村民成为股东，每年又增加了一笔财产性收入。苏兴华高度注重人的素质提高，制定了践行社会主义核心价值观行为准则50条；他别开生面地组织开展"八星"文明家庭的评比活动，产生了巨大的激励作用。同时太平村又建造了一座总面积2480平方米的集展示厅、活动室、阅览室、大礼堂等多项功能为一体的"百姓学校"；创立了太平村门户网站，开通了科普网、农业网、党员干部远程教育网及白玉兰远程教育网；举办新村民"异乡风采"系列活动；定期举办各种知识讲座和培训班；开设"数字化电子阅览室"……

回首苏兴华三十多年的工作历程，我们不禁发现，苏兴华有着十分超前的现代意识，许多创造性举措的成功都已证实了他的前瞻性和大局观。

回首苏兴华三十多年的工作历程，我们不禁发现，苏兴华有着十分超前的现代意识，许多创造性举措的成功都已证实了他的前瞻性和大局观。

是什么动力，让苏兴华在带领村民走向富裕、民主、幸福的路上不停奔波三十余年？为什么他能不断地提出这些让村民击掌欢呼的好政策？

苏兴华说，太平村父老乡亲的日子越过越好、精气神越来越饱满、当家做主的主人翁意识越来越浓厚、建设社会主义新农村共同富裕奔小康的信心越来越坚定，太平村相继获得"全国民主管理第一村"、"全国综合治理先进单位"、"全国先进基层党组织"等荣誉，给了他莫大的精神动力。

如今，苏兴华又在考虑改善村民的居住环境问题，从而推进"美好乡村"规划建设，相信不久的将来，太平村村民们的脸上，将会露出更加幸福的笑容。

职业梦想

村民的满意是我奋斗的目标，
村民的幸福是我毕生的追求。

台账

在太平村百姓学校的展览厅里，记录着苏书记带领太平村村民所取得的荣誉和走过的风风雨雨。

在这里，陈列着"全国文明村"、"全国农村基层民主管理第一村"、"全国民主法治示范村"、"中国幸福村"、"全国先进基层党组织"等奖状、奖牌、奖杯近百件；陈列着习近平、俞正声、尉健行等中央领导和韩正、殷一璀等上海市领导在太平村视察调研的照片，这些照片挂满了一大片墙壁；陈列着太平村的管理制度和基层组织结构。

但最让人吃惊的，是展厅里陈列着太平村所有的工作台账，共计85本。

采访中，苏书记的儒雅与健谈令人印象深刻。在说到太平村的各项事务时，苏书记总是将前因后果娓娓道来，让人立刻就能明白其中的关节，也更让人钦佩于苏书记的前瞻性。

当向苏书记问起展览厅里陈列的台账时，苏书记说他从当书记起就有档案意识，这些都是重要的凭证和历史资料。

这85本工作台账，详细记述了太平村这些年里每一个决策、每一次选举、每一个干部的走访工作等内容，每一个细节都有案可查。而且，还有专门的监督小组对台账进行监督和检查，确保每一项工作都落到了实处。

再回头想起入口处那些闪着荣耀光芒的奖状、奖牌、奖杯、照片，顿时有了更深刻和直观的认识：正是这些台账里二十余年的点点滴滴，铸造了如今太平村的辉煌。

这些点点滴滴里，都充盈着苏书记的汗水和心血。

剑胆琴心的勇将

——张国樑

颁奖词

　　30年，始终坚守在最激烈的风口浪尖，用你的青春，用你的一生。30年，竭尽全力编织着政府与百姓之间的纽带，用你的爱心，用你的真情。你在拆除废墟的同时，也在缔造着社会的信心！

張国棵

职 业 履 历

姓　　名　　张国樑
年　　龄　　58
性　　别　　男
单　　位　　上海安佳房地产动拆迁有限公司
学　　历　　硕士研究生
职　　务　　总经理
职　　称　　高级政工师

荣誉榜

★ 上海市劳动模范
★ 连续11年被评为上海市重点工程实事立功竞赛建设功臣

职业经历

★ 从1985年做动拆迁工作至今，见证了上海从动迁到
　 征收的整个过程。

职业生涯中最难忘的事

2005年12月30日，卢湾世博动迁全面完成时的那一天，这是"阳光动迁"真正落地的那一天，这是奋斗多年终于被居民群众认可的那一天。

职业生涯的自我评价

认真执着，热爱事业，永远保持一种为居民服务的工作热情。

职业格言

将心比心暖人心，以心换心获真情。

心中偶像　巴顿将军

劳模风范

剑胆琴心的勇将

文/ 张予佳

晦暗中的光亮

看着输液架上药剂袋里的液体一滴一滴地渗入自己的血管，半躺在病床上的张国樑有些恍惚。自幼习武多年，身体健硕、精力充沛的他从没有预料到，自己会因为工作而累倒，医生甚至还开具了病危通知书。他已经在原卢湾区117地块

动迁基地连续奋战了半年多，每天早晨8点到第一线，子夜时分才拖着疲惫的步伐踏进家门，连双休日都无法保证休息，就是铁打的身子也受不了啊！

2001年，张国樑服从组织安排，调到安佳公司负责动拆迁，当时安佳公司经营不善，人心涣散，而他原先领导的公司则多年以来业绩名列前茅。上级的意图很明确：调派常胜将军，带领溃败之师重整旗鼓。临危受命的他凭着常年从事动拆迁管理工作的专业自信，将企业重组为专业性动拆迁公司，并立下"军令状"：公司一年后的业绩就要达到全区同行第一，三年后带出一支一流的团队，再用三年令公司整体上升一个台阶。

可是，到安佳公司后接手的第一个动迁项目居然就让他累垮了。此刻的他浑身软绵绵的，连抬手摸索枕下的手机都很困难，更别说下床了——毕竟因劳累过度，引发急性支气管扩展，导致他咳血不止。"唉，好在脑子还能转，不知道今天基地和钉子户的谈判有没有进展？"想到这里，强烈的酸楚感涌上心头，真是身累心更累。自从1985年开始就从事房地产动拆迁工作的张国樑，长久以来保持着职业自豪感。是的，作为体现政府造福于民，改善和提高老百姓居住质量

> 临危受命的他凭着常年从事动拆迁管理工作的专业自信，将企业重组为专业性动拆迁公司，并立下"军令状"。

的政策的执行参与者，的确应该感到光荣与骄傲，可是近年以来为什么越走越难？为什么居民"想动迁，盼动迁，动迁来了迁不动"？为什么关于动拆迁的负面舆论不断出现，赴京的访民中因动拆迁纠纷而上访的高达70%？又为什么做动迁与"黑色职业"划上等号，以至于张国樑的儿子填写关于家庭情况的表格时，在父亲的职业一栏中，只能写"房地产前期开发工作"，而隐去"动拆迁"这个敏感词？

　　回想起1994年的一幕，张国樑至今如鲠在喉。那次他陪同区人大代表去梅陇某小区搞社情民意调研，刚下车，就被当地居民认出来了。大家纷纷嚷道："就是这个张国樑，说话不算数，让我们先搬迁的人家吃了大亏！"眼见着人们渐渐围拢过来，张国樑只能急忙上车离开现场。当时的政策允

许房地产开发商自行负责动拆迁，以赢利作为终极目标的房产商操作肯定不规范，造成了先搬迁的人家吃亏，钉子户反而补偿多的结果，负责动拆迁第一线工作的张国樑当然要为开发商"背黑锅"。

张国樑无奈地长长吁出一口气，透过玻璃窗，远眺这个繁华都市的天际线。虽然此刻乌云密布，可是他猛然发现云层的缝隙中，有几缕晚霞的血红光芒仿佛正在奋力挣扎，似乎试图刺穿乌云的阻隔达到人间。"晦暗之中犹现光亮的可贵……"这句跃入脑海的话，令他再次联想起盘桓心头已久的念头："公开、公平、公正的阳光动迁"。

次日，仅仅在病床上躺了一天的张国樑又活跃在基地上，经家人和同事们苦苦相劝，他终于"妥协"，做"走读生"——上午等医生查床后，下午直到晚上还是扑在基地上。也许他并不十分清楚，是否因为"公开、公平、公正"这个诉求充实了"阳光动迁"的理念，他更不可能预料到的是，若干年后，他不仅圆满完成了当初立下的"军令状"，还使"阳光动迁"这个词及其倡导和创建的机制享誉全国，成为中国房地产动拆迁历史上里程碑式的标志。

风雨后的彩霞

回顾近三十多年以来上海房地产动拆迁的历史，可以清晰看到一系列沿革的脉络。1990年之前，动迁工作几乎全部采用政府统包的模式，项目则多为"危棚简屋"改造。被动迁的居民经暂时在外过渡居住后，回搬原地，基本上可以无偿入住新建的住宅小区，所谓"原拆原还"。分配新房面积

> 他不仅圆满完成了当初立下的"军令状"，还使"阳光动迁"这个词及其倡导和创建的机制享誉全国，成为中国房地产动拆迁历史上里程碑式的标志。

的原则是根据旧宅的大小，按照相关规定的折算方式决定，体现了计划经济体制下福利制的特点，操作较为规范和简便，动迁工作速度快、效率高，居民与动迁工作人员极少矛盾纠葛。可是，由于政府财力有限，审批流程冗长，动迁规模不大，因此直接影响到城市旧区改造整体前进的步伐。

1991年开始，政府不再直接参与动迁，而是以行政许可（拆迁许可证）的形式赋予动迁公司拆迁资质，通过房地产商开发经营，利用土地级差进行动迁，其实施细则的最大特点是"数人头"决定安置方案。被授予行政许可后的动迁公司的自由裁量权增大，对"数人头"拥有解释权和核定权，难免在涉及商业利益分配方面，出现暗箱操作、猫腻丛生、唯利是图的弊端。特别是随着房地产市场价格的急剧变化和攀升，频繁引发动迁矛盾和社会冲突，而位居最前沿和焦点位置的动迁公司无疑会处于难以自拔的被动境地——既可能因工作推进不力遭遇开发商的问责，又会受动迁对象和舆论的质疑。"先走吃亏，后走实惠"的教训流传为坊间"公开的秘密"，令动迁走进死胡同。

2001年开始，政府改进相关实施细则，以"数砖头"的价值互换方式，实现动迁补偿安置。然而，由于历史遗留的"尾巴"及受实际操作的延续性所限，动迁工作中出现了走"数人头"的老路，两种方式并行甚至交叉执行的结果往往愈发造成困扰和混乱，动迁的老大难问题并没有从根本上解决。

2002年，也就是张国樑调任安佳公司的次年，第二场艰难的战役摆在他面前。上海瑞金医院要新建门诊大楼，须动迁61户教授和专家级的居民。首次召开居民大会，教授们就纷纷指着会议条幅上的"通气会"三个大字说："我们不是上下级的行政关系，不需要通气，我们要的是平等对话！"张国樑意识到，面对具有较高维权意识和文化水准的高级知识分子群体，不正是尝试推广自己酝酿已久的"阳光动迁"的好机会吗？于是，在他提议和组织下，成立了由业主代表、院方和动迁公司组成的三方工作组，全程共同协商与监督这个动迁项目。小试牛刀，即现锋芒，三方在政策范围内共同制定的补偿安置措施，令居民们皆大欢喜，一个月不到就按照张榜公示的方案得到妥善安置。

"试水"的结果令张国樑对"阳光动迁"信心倍增，更使他汲取到很多宝贵的经验和教训。他还注意细节方面的不断改进。例如自此之后，所有动迁项目伊始，与居民集体见面的会议全部定名为"座谈会"，而且一开就是连续一周，居民可以灵活地根据各自不同的时间安排，随时参与商讨，

表达意见。

　　绝大部分，特别是国企性质的动拆迁公司，在补偿安置资金的配比受总额限制，分配到每家每户产生平均金额基数，这本来是商业机密。公司方初次出价必定低于这个基数，因为每次拆迁都会遭遇钉子户，要预备好将先搬走的人家剩余的基数金额，补偿给坚持到最后的钉子户，以求既花钱买太平，又不至于超出预算总额。但是如此一来，必定造成"先走吃亏，后走实惠"，前后标准不一致的情况，明显有失公平。这种方式十多年来已成既定模式，长此以往，居民们也心中有数，以至于到2003年前后，动迁项目往往前三个月费了九牛二虎之力，只完成工作总量的20%左右，剩下约八成居民都成了钉子户，难以继续推进。

让阳光普照大地

　　2004年上半年，卢湾区43街坊动拆迁项目启动，张国樑摩拳擦掌、枕戈待旦，准备正式实施"阳光动迁"的机制。他的方案报告递交之后，果然引发众多异议。上级主管部门担忧的是：目前行业面临瓶颈，而日常经营费用支出依旧，导致利润逐年下降，如果足额支付给先搬走的人家安置费，那么增发给钉子户的资金缺口如何填补？总额可不是一笔小数目啊！同行疑虑的是："阳光之下"等于把金额基数这张关键底牌主动亮出去了，公司失去了自由裁量权，到时候肯定让动迁户牵着鼻子走。对此张国樑胸有成竹，以他多年的专业经验，真正想通过动迁发横财、敲竹杠的钉子户毕竟是极少数人，自有相关法规制裁。绝大多数居民是"患寡

（少）"更"患不均（不公）"，只要真正公平、公正，足够透明，这看似背水一战、置之死地而后生的战术一定能突破目前的瓶颈。

然而，要突破十多年来机制弊端积累的厚重坚冰谈何容易，内部几番拉锯战后，等"阳光动迁"首次出台时还"犹抱琵琶半遮面"，或者说要让阳光照射进暗箱，首先要把暗箱换成玻璃做的，这次倒真是换了，不过换成磨砂玻璃的——透明度还是不够。对居民而言，可能反而增加了的困惑与戒备，43街坊的动迁工作就此陷入僵局，一搁就是两年。

面对首战不利，张国樑并不灰心，他坚信阳光终将显现，只是时机未到。他定下心神，暗自改进和解决了不少"阳光动迁"技术层面的问题，篱笆扎得更紧了。现在的他就像狙击手屏气凝神，贯注目标，等待命运赋予他一个重大的转机，胜负在此一搏！

2005年，公司承接了卢湾区世博园区动迁任务，时间紧任务重，张国樑再次拿出更全面、更细致、更贴近实际的"阳光动迁"操作口径。上级主管部门再三权衡利弊，最终同意实施。真可谓立竿见影，收效显著。他领导的安佳公司在全市世博动迁中率先完成任务，得到"速度最快、矛盾最少、成本最合理"的首肯，并获得了"全国工人先锋号"、"全国建设系统思想工作先进单位"等荣誉。

2005年12月30日傍晚，天色阴冷，当从卢湾区世博动迁基地传来最后一户居民签约的消息后，整个公司沸腾了，甚至有同事立马要去买鞭炮庆祝。这次不但可以说是"完胜"，更重要的是：张国樑多年来为之魂牵梦萦、九死而不悔的"阳光动迁"终于呱呱坠地了！

他定下心神，暗自改进和解决了不少"阳光动迁"技术层面的问题，篱笆扎得更紧了。

　　然而，那一刻的他却并不怎么兴奋，似乎整个心被掏空了。他独自到公司附近的当地特色面馆，要一碗"卢湾缩头面"，还为驱寒加了不少辣椒。吃完面，上车，他怎么也不愿启动引擎。从小立志参军的他1973年因出身成分问题被刷下来时，他没有哭。曾经在四面楚歌的无奈和无望中彷徨，饱受误会屈辱之际，他没有哭。可是此刻不知是吃多了辣椒，还是另有一番滋味催生心情，浑身发烫的他凝视着被缠绵冬雨濡湿的车窗，居然默默流下了热泪……唯有脑海里反复暗诵着"三十功名尘与土，八千里路云和月"这句经典诗词。

　　2006年，随着城市轨道10号线的建设，搁置了两年的原卢湾区43街坊拆迁工作必须继续推进，并限时交地。政府方面根据当时市场变化提高了补偿标准，令任务顺利完成。这里曾经是张国樑首推"阳光动迁"的僵持之地，为兑现"前后一致"的承诺，他决定将提高标准后产生的差额，补足给两年多前已经搬走的人家。拿到这笔"意外之财"的居民欣喜不已，从未听说过更没想到会发生这种好事。安佳公司的美誉口口相传，好评如潮。以后公司承接的如2009年建国东路390基地、2010年嵩山路71弄地块、2012年露香园路基地、2014年尚贤坊改造等多个项目中，张国樑成功实施"两轮征

询制"和"数砖头加套型保底"的"阳光动迁"方案，屡屡
刷新上海动迁首日签约率，提前多时完成动迁计划。甚至有
居民为获得奖励费并能尽早挑选心仪的房型而提前多日排队
等候签约，此类事情层出不穷，已不是令人咋舌的新鲜事
了。在市场倒逼的情状下，同行公司纷纷效仿，正逐步令行
业整体摆脱瓶颈局面。功德无量的"阳光动迁"模式终于站
稳了脚跟，正如张国樑矢志不渝坚信的那般，阳光终将普照
沃土！

走群众路线，召开动迁居民答谢会——"回娘家"。

卢湾世博园区动迁任务圆满结束后，安佳公司和当地居委会联合召开"卢湾区世博动迁居民'回娘家'迎春茶话会"，请来第一批签约和搬家的40多位居民，济济一堂，气氛和谐热烈。公司方面真诚地向他们表达感谢，还要向他们征询，动迁公司是否诚信，"阳光动迁"是否真正公平透明，同时对如何进一步做好动迁工作发表意见和建议，集思广益、博采众长。现场还特邀传媒记者参与监督和佐证，受到广泛好评。

除了逢年过节，由公司领导率队分别上门回访已搬入新居的动迁户以外，类似答谢会、座谈会等沟通和反馈的良性互动方式也已形成机制，并纳入了每个动迁项目的工作标准流程中。老邻居、老街坊口口相传，树立口碑，为安佳公司创建了良好的品牌形象，提升了社会影响力。

老邻居、老街坊口口相传，树立口碑，为安佳公司创建了良好的品牌形象，提升了社会影响力。

努力创造民主公平的环境，让得益于旧区改造的居民群众更满意、更幸福，让上海的城市建设进程更通畅、更和谐。

崇尚阳光

对一听就令人头皮发麻的"天下第一难"——动拆迁工作，在他心目却是"伟大的事业"。每个动迁基地启动之初，他就向当地居民公开自己的手机号码。双休日他和公司其他领导放弃休息，轮流"坐堂"接待居民咨询。他上门与居民不厌其烦地连续沟通交流三五个小时，更是家常便饭，还敢于出具亲笔签名并加盖公章的法律承诺书，让居民彻底放心。他多年坚持回访拆迁户，还为他们寻医问药，介绍工作，排忧解难。他充分利用自己善于沟通的特长，甘当"老娘舅"，调解他人家庭矛盾，化干戈为玉帛，让手足之情得以延续，居然还能使五六对夫妻破镜重圆。当他走进某小区，这厢还在和曾经的钉子户握手寒暄，那厢已经在楼上高喊他去家里喝茶歇脚。

这个张国樑，哪儿来的能量和心力？

带着这些疑问，我迫不及待地踏进安佳公司的会议室。简约的寒暄之后，张国樑第一句话就说："一有动迁项目我就兴奋，就喜欢……"接下来，打开话匣子的他详细介绍起"阳光动迁"的理念内涵与运作机制："我也是苦出身，动迁户很多是需要关爱的弱势群体，绝大部分居民都是朴实明理的人。我们干动迁是传递政府的阳光和温

> 他充分利用自己善于沟通的特长，甘当"老娘舅"，调解他人家庭矛盾，化干戈为玉帛。

暖，搞商业诡计的那套做法不对，更不能从动迁户身上榨取利益。"

打铁还需自身硬！他对公司团队建设也毫不含糊，目前员工中50位具有本科学历，70位具有大专学历。他提供"孵化"经费，支持青年人自行寻找专业课题，成立研究小组，以成果铺就职业晋升之路，已经获得国家专利许可的"动拆迁公示查询装置"就是典型成果。他高薪聘请老师固定时间来单位授课，便于青年人及时"充电"。对于35岁以下的员工，他同意其辞职后有一次回归公司大家庭的机会。可见张国樑多么善解人意，颇费苦心。

他经常立"军令状"，有时看似夸海口，其实是自我加压，让自己没有逃避的退路。"目前'阳光动迁'还像未成年人，我一定要带它出道！"现年58周岁的他依然豪情万丈地说道："'阳光动迁'也要成长升级，我现在所希望的也是居民所期盼的是，居民安置结果除了与公示方案一致以外，还要不折不扣地做到与审计结果一致。今年公司将与检察院、监察局等部门联手，架设热线电话，提供给居民多种投诉和举报的渠道。"

今年，公司还将开设关于动拆迁问题的网络在线问答页面，诠释法规，为居住状况差异性巨大的居民答疑解惑，等大数据积累到一定数量，可以整合出很多经典案例，既会为政府部门在相关决策方面提供翔实的参考资料，还将为更多的动迁户普及"阳光动迁"的要领和操作流程。

他滔滔不绝地诉说着计划和愿景时，眼神清澈而坦诚，儒雅中透露出刚毅的军人气质。与他相谈近四小时，远远超出了计划采访的时间，虽然只是清茶一杯，我却像饮下一樽醇酿，心绪飞扬、热血沸腾。看到他办公室墙上悬挂的条幅"剑胆琴心"四个字，我猛然似乎明白了一些，张国樑身上洋溢着由丰厚的社会阅历锻造而成的正气，这种具备凛然之力的"气场"，不，更确切地说是"气格"，明显感染到周围人。也许从小向往戎马生涯的他，把每次任务都当作战役，而真正的对手其实只有一个人，那就是自己！

资本市场的俏「红娘」

——杨艳华

颁奖词

　　七年拼搏路，工到自然成。精准的预见，相比你的成功，你的勇气更增加我们的敬意。你既有马拉松选手的超强耐力，又有百米选手的爆发力，勇夺中国资本市场的多个第一。你的名字就是你的中国梦——让中华之花更鲜艳！

杨艳军

职业履历

姓　　名	杨艳华
年　　龄	55
性　　别	女
单　　位	海通证券股份有限公司
学　　历	硕士
职　　务	并购融资部总经理
职　　称	统计师

荣誉榜

★ 上海市优秀共产党员
★ 全国五一劳动奖章

职业经历

★ 历任海通证券上海投资银行部高级经理、融资总监
  等职务。
★ 现任海通证券股份有限公司并购融资部总经理。

职业生涯中最难忘的事

中国文化传媒行业第一股新华传媒借壳上市成功，体现了在中国并购行业中勇于创新和开拓进取的成果。为此我也失去了与至亲相见最后一面的机会，成为我一生的遗憾。

职业生涯的自我评价

追求创新、追求完美的脚步从不停止。

职业格言

将不可能变为可能，将可能变为现实。

心中偶像　巴菲特
兴趣爱好　话剧、音乐、旅游

资本市场的俏"红娘"

文/董　煜

　　若问，数学皇冠上的明珠是什么？我会毫不犹豫地说，是"哥德巴赫猜想"。因为当年徐迟的那篇报告文学，已经给全国人民上了一堂普及课。

　　若再问，资本市场中"皇冠上的明珠"是什么？那我一定会"王顾左右而言他"，因为我的记忆中没有答案。好在，海通证券并购融资部总经理杨艳华为我揭开了谜底，告诉我，这个"明珠"就是企业的并购重组。并购重组极具挑战性和复

杂性，堪称金融业界金字塔的最高端，不仅需要精通审计、评估、法律、战略咨询等专业知识，要是做境外并购，还要了解国内外不同的政治、经济制度甚至是文化差异，所以从业者都是精英中的精英。可是杨艳华，一个知性女性，却不仅在风云变幻的资本市场站稳了脚跟，而且带领她的团队，主导了几十家上市公司的收购兼并和重大资产重组项目，创造了中国并购市场的多个"第一"。

独具慧眼的"红娘"

杨艳华把自己的工作称之为当"红娘"。她打比方，譬如有一家企业，想要进一步拓展业务，做大做强，也等于是一个女孩想要出嫁，需要"红娘"帮忙找一个合适的男孩，那么"红娘"首先要了解这个女孩，性格怎么样啊，学历如何，修养如何，又有什么家庭背景，然后才能在全国范围内为她寻找合适的对象。全国的男孩多如牛毛，何止是"百里挑一"，而是"千里挑一"、"万里挑一"，要找到匹配的男孩需要反复分析、比对，总算，找到一个比较合适的。可

譬如有一家企业，想要进一步拓展业务，做大做强，也等于是一个女孩想要出嫁，需要"红娘"帮忙找一个合适的男孩。

是，光"红娘"觉得合适是不行的，得要男女双方看得中，只要一方不满意，谈一次两次后告吹了，那就得继续找。好，这次男女双方都觉得有感觉了，轮到去见双方父母了，可是只要有一方的父母不同意，那也白搭。婚介所的"红娘"好当，因为有《婚姻法》保护，只要男女双方对上眼了，父母不能强加干涉，可资本市场的"红娘"难当，孩子的父母，也就是企业的大股东若不同意，这桩婚姻就成不了。即使父母同意了，还会有其他的障碍，子公司就好比是兄弟，也可能会跳出来反对，所以并购重组是个精细活，每一个细节都不容忽视，每一个环节都不可或缺，只要有点考虑不周，就可能前功尽弃。

真难啊，大多数的人，了解并购重组是怎么回事后，可能会望而生畏，但杨艳华却说，她喜欢，喜欢高难度的工作，喜欢挑战。

杨艳华是1999年踏入海通证券大门的，短短7年，凭着出色的能力，便坐上了海通证券上海投资银行部融资总监的位置。那时，中国的并购重组已经历了从无到有、从小到大的探索过程，据中国企业并购年鉴统计，2002年全国并购重组951单，交易金额778亿元，到了2006年，并购重组已达到1784单，交易金额达3051亿元，实现了跨越式发展。也就在这个时候，杨艳华被委以重任，开始从事并购重组这一高端业务。

从副总经理到总经理，杨艳华在并购融资部又是一个7年。

阅读那些并购重组的案例如读天书，杨艳华便化繁为简，用最通俗的语言描述并购重组究竟是怎么回事。

譬如一家做纺织品原料的企业，生产稳定，产品也有一定的市场，可是，却遇到了发展瓶颈。该企业有自己的棉花产地，但是纺织品中还需要添加一种从树木中提炼的木浆，中国的林木资源匮乏，木浆很贵，所以成本一直降不下来，企业的盈利能力也受到很大影响，而在加拿大却有着非常丰富的森林资源，于是，海通证券的"红娘"便设法为该企业找到加拿大一家专门生产木浆的单位，通过重重谈判，收购了对方20%的股权，使该企业的成本下降了30%到40%，毋庸置疑，该企业的发展前景自然是一片大好。

杨艳华简简单单几句话就说完了，可中间的曲折艰难，反反复复，又岂是几句话能够概括的。

三百六十行，行行都很难，但并购重组之所以高端，贵在决策者的慧眼，需要对国家宏观政策熟稔于胸，了解什么是新兴的朝阳产业，什么是未来经济发展需要的产业，还要

阅读那些并购重组的案例如读天书，杨艳华便化繁为简，用最通俗的语言描述并购重组究竟是怎么回事。

为企业"体检"、"把脉"，作出"诊断"，这样才能确保并购重组的成功。具有20年从业经验的杨艳华，凭着她的睿智，率领她的团队完成了几十个极具技术含量和挑战性的上市公司并购重组项目，在2008至2012年的全国第二届至第六届最佳投资银行评选活动中，海通证券并购融资部连续五年摘得桂冠，成为同行中的翘楚。

别出心裁的"撮合"

杨艳华也有自己的偶像，这个偶像就是巴菲特。问她为什么崇拜巴菲特，她说，因为巴菲特投资稳健。可杨艳华的座右铭除了"敬业"、"专业"之外，还有"创新"和"胆识"，这创新、胆识与稳健之间，该怎么平衡呢？杨艳华大概看出了我的困惑，解释说，稳健是首位的，干金融这行，动辄上亿资金，来不得半点马虎，但稳健和创新并不矛盾。

她说了两个案例。

皇氏乳业，一家民营企业。企业不大不小，在行业中没有很强的竞争力。杨艳华考我，如果这个女孩想要嫁人，该为他寻找一个什么样的男孩呢？我以为，一定是为该企业收购一家奶源地，可以降低成本嘛，谁知，杨艳华说出来的结果让我大跌眼镜，他们为皇氏乳业选配了一家影视公司！杨艳华发现，这家乳制品企业每年在电视上要投入很多钱做广告，兼并重组影视企业，可以在播放影视剧中间插播广告，这肥水就不会外流了。对影视企业也有好处，他们拍摄的电视剧，譬如《我爱男闺蜜》要播出了，可以在牛奶盒上印上影视海报、播出时间，海报随着牛奶盒走进千家万户，广告

效应还特别得好，这样的重组，实现了双方互补，为企业的转型升级、传统产业与新兴产业的多元化发展提供了契机。

世纪华通是一家传统的汽车零部件生产企业，海通证券并购融资部也为这"小娘子"找了一个"如意郎君"，一家新兴的网络游戏公司。看上去似乎是在"乱点鸳鸯谱"，其实细心的杨艳华早就想到，网游的很多大玩家也都是汽车发

烧友，是汽车零部件潜在的大客户，这桩"婚姻"，帮助世纪华通确立了双主业并行的创新战略，使世纪华通的市值从20多亿发展到100多亿。

这样别出心裁的方案，确实要有创新理念和过人的胆识，但前提却是扎实的工作和千万次的谨慎遴选。

2014年8月，为了更好地服务上海的经济发展，杨艳华又主动挑起了筹备100亿规模的上海并购基金的重任。作为董事长，她亲自率领下属与80家企业、机构接触，在很短的时间内完成了首期30亿元的募资，并立即对美国纳斯达克上市公司盛大游戏进行股权收购。盛大游戏是一家全国知名的互动娱乐文化企业，但在美国资本市场，其价值被严重低估，杨艳华毅然决定投资3.7亿美元收购盛大游戏的20％股权，并协助其私有化。在短短的15个工作日内，上海并购基金就撬动了3.7亿美金，克服了境外主体搭建、外汇支付等诸多障碍，利用自贸区的便捷，完成了一次成功的收购。

这样的大手笔，在杨艳华的职业生涯中，比比皆是。

永不停歇的"空中飞人"

杨艳华笑称自己是"空中飞人",虽然团队中藏龙卧虎,都是高学历高智商,但很多重大谈判还是需要她亲自出山,忙起来的时候,飞机成了日常的代步工具,境内境外到处飞,"千里江陵一日还"几乎成了常态。许是常年累月看报表看数字的缘故,杨艳华很早就有了一千多度的近视,以后变本加厉,眼球玻璃体脱落,每次去医院,医生都会反复叮咛,不能坐飞机,否则会引起严重后果,但一忙起来,杨艳华就把医嘱抛在脑后了。

新华传媒是中国文化产业借壳上市的第一单,是一个难度之大,复杂程度之高令常人难以想象的重组项目。杨艳华率领并购团队全面策划了上海新华发行集团重组华联超市项目,并独特地采用了"股权收购+资产置换+股改"的方案,同时操作、整体申报、一次审批、同时完成,是中国资本市场并购重组的一次大胆创新。尤其是该项目在短短的8个月内完成上市,更是令市场瞩目,被中国工商联并购公会评为"最佳并购方案设计奖"。

在这8个月中,杨艳华忙得脚不沾地,可就在她最忙的时候,母亲身患绝症住进了医院。当时,她分身乏术,根本抽不出时间去照顾母亲,只是匆匆去医院探望一下,又匆匆离去。从母亲住院到离开人世,杨艳华没有请过一天假。母亲走的时候她正在外地,连最后一面也没见上,这成了她终身的遗憾,很多年后说起来还是一脸内疚和悲戚。

现在,杨艳华非常注意调节工作和家庭的关系,只要不出差,她都会难得地尽一下主妇之责,烧上几个菜,把老父

在短短的15个工作日内,上海并购基金就撬动了3.7亿美金,克服了境外主体搭建、外汇支付等诸多障碍,利用自贸区的便捷,完成了一次成功的收购。

亲接来，一家人开开心心地吃顿饭。她说，在外面打拼可以是"女汉子"、"女强人"，但在家里，女性就应该是温柔的、体贴的。

杨艳华喜欢音乐，喜欢话剧，更喜欢旅游，但这些都只能偶尔为之，更多的时间，她都献给了工作，了解国际金融市场动态，学习国家经济政策，研读企业财务报表，成了她每天晚餐后的"娱乐活动"。她主持的交易标的总额已经超过千亿，还主编了《并购重组管见》一书，汇集了海通证券最经典的并购案例，把宝贵的经验留给了社会。

女人若水，但有时候，至柔才是至刚的。

将文广集团旗下两家上市公司百视通和东方明珠进行战略性重组，打造成一个超千亿市值的文化航母。

资本市场的"水太深"，能在水里扑腾几下的已经是凤毛麟角，更别说还要在里面"畅游"，杨艳华能成为同行中的"翘楚"，靠的就是她的超前思维。她常年研读全球的经济形势报告和国家宏观经济政策，对未来的经济发展走向和产业的兴衰作出准确判断，从而能够抢占先机，精心设计并购重组方案。她和她的团队曾先后获"最佳并购方案设计奖"、"最佳财务顾问项目奖"、"中国资本市场最佳创富服务奖"等专业奖项。

当习近平总书记提出"推动文化产业快速发展"的要求时，杨艳华立即看到了"商机"，她深入文化行业第一线调研，当得知上海自贸区扩容获国务院批准，允许外资企业在自贸区内从事游戏游艺设备的生产和销售时，她与她的团队又设计了一个行业独特、方案复杂、业务协同性要求很高、与老百姓生活息息相关的重组项目，将文广集团旗下两家上市公司百视通和东方明珠进行战略性重组，打造成一个超千亿市值的文化航母。百视通将在自贸区与微软合资成立子公司，引进XBOX业务；东方明珠将和索尼合作，引进PS4业务。未来，随着两家公司合并和业务整合，将推动文广集团成为中国最具创新活力和国际影响力的广电媒体和综合文化产业集团。

职业梦想

打造国内一流、国际有影响力的并购团队。

上 课

对杨艳华的采访，我视为自己上了一堂课。

这绝对不是谦虚。

刚进门的时候，我对并购重组还是一窍不通。杨艳华递给我一本书，由她主编的《并购重组管见》，里面满满当当记录了几十个海通证券并购重组的经典案例，有"两次并购打造文化产业'航母'"的，有"纵向并购打造煤电一体化"的，有"传统产业借壳上市"的，还有"上海国企大胆出海并购异地民企"的。可是粗略地翻了几下，实在看不下去，书上都是些债务调整、权益调整，或者是资产出售、壳资分离。

我抬起头，很是茫然，我说，你们这个工作应该很枯燥吧，整天看这些财务报表分析报告，看得进去吗？会不会厌烦？

杨艳华说，我喜欢。

她喜欢，所以上学时选择了金融专业；她喜欢，所以从业20年来，再难，她都没有打过退堂鼓。

她用最通俗的语言解释并购重组。

我们就像红娘，她说，譬如有个女孩要出嫁，请我们帮她找对象，我们就按她的条件帮她推荐。或者，有父母因为种种原因，自家的孩子养不起了，请我们帮他的孩子找一个好的出路，我们也会想方设法地实现父母的愿望。虽然过程有点枯燥，但一旦成功了，还是很有成就感的。她笑着，一脸满足。

之前，她说成功案例，说职业精神，说团队间的相互扶持，说这些并购重组对上海经济发展的重大作用，说得中规中矩，就像面对媒体。谈到后来，熟稔了，见我也合上了本子，就说开了。她掰着指头告诉我，做成一个并购重组项目有多少环节，前期的遴选过程就不说了，做好重组方案，要董事会审议，15天后，要开股东大会，通过后飞北京报材料，等证监会正式受理后，送上市部预审，法律和财务两块会分别提出意见，反反复复地修改，直到他们认可后，才交到证监会重大资产重组委员会的专家们面前。重组委审批有点像法院判案，当天会给重组方半小时答辩时间，陈诉理由，然后他们离席讨论，最后当场揭晓。有一个项目，历时三年，非常辛苦，送到重组委后，她心里还是没底。那天，重组委宣布结果时她就坐在会议室门外，忐忑、焦虑，等会议室的门打开，相关的券商、上市公司高管、律师欢呼雀跃地告诉她方案已经通过时，她的眼泪当场喷涌而出，难以自抑。回家次日，她就因过度劳累淋巴结肿大，发起了40度的高烧，同事们都心疼她，让她多休息几天，可她只吊了一天盐水就又回到她的"阵地"上去了。

我问她，做了这么多年的并购，成功率是多少呢？

她自豪地说，在我手里啊，没有不成功的，100%吧。

她说，我要把不可能的变成可能，把可能的变成现实。

那一天，我真的从她身上学到了很多。

她自豪地说，在我手里啊，没有不成功的，100%吧。我要把不可能的变成可能，把可能的变成现实。

绿色能源的探索者

——王如竹

颁奖词

　　既是一方土壤，又是一片茂竹。你一生都在科学的世界里探求真谛，都在默默传递知识的薪火。你不仅以严谨和勤奋的科学态度为社会进步作出卓越的贡献，更以淡泊名利和率真的人生态度诠释了一位园丁的人格本质。

职业履历

姓　　名	王如竹
年　　龄	50
性　　别	男
单　　位	上海交通大学
学　　历	博士研究生
职　　务	所长
职　　称	教授

荣誉榜

★ 全国模范教师
★ 全国五一劳动奖章
★ 英国制冷学会J&E Hall 金牌奖
★ 国家自然科学二等奖

职业经历

★ 历任上海交通大学机械与动力工程学院讲师、副教授、
　教授、副院长、制冷与低温工程研究所所长等职务。
★ 现任上海交大机械与动力工程学院制冷与低温工程
　研究所所长、教授，上海交通大学党委委员。

职业生涯中最难忘的事

历经两年多，终于推出了解决南方舒适性供暖的一机多能热泵能源中心，让普通老百姓也能享受节能舒适和健康的新一代热泵空调、采暖和供热水的产品。

职业生涯的自我评价

踏实做事，清白做人，认真教学，探索创新。有梦想，敢担当，喜欢学习和尝新！

职业格言

学高为师、身正为范，培养有抱负有干劲的创新人才！

心中偶像　钱学森
兴趣爱好　乒乓、走路

劳模风范

绿色能源的探索者

文／王萌萌

　　造型简洁而极富现代感，外立面覆盖白色镂空外遮阳板，楼顶设有太阳能电池板。阳台上形似展翅蝴蝶的太阳能烤炉，春天烤熟红薯仅需半小时，冬季也不足一小时。楼内能源供给采用风光电力与冷热电联供（CCHP）集成

应用的微型智能电网，空调则是采用太阳能空调技术(吸收、吸附、除湿)及小温差传热末端空调技术……步入其中，似乎置身于另一个世界。漫步于上海交通大学闵行校区南洋东路上，鲜有人的目光不被此楼吸引，它俨然已成交大校园一道亮丽的风景。

这栋得到意大利政府资助而命名的"中意绿色能源实验室"，运用了二十多项包括太阳能、风能、水能、空气能、地热能等绿色能源技术，获得国际绿色建筑LEED金牌认证，被誉为目前国际上功能最完整、技术最全面的绿色建筑能源系统研究平台。而这幢神奇楼宇的建设者，正是荣获了2013年全国五一劳动奖章与2014年国家自然科学奖的上海交通大学机械与动力工程学院制冷与低温工程研究所所长王如竹教授。

"中意绿色能源实验室"，运用了二十多项包括太阳能、风能、水能、空气能、地热能等绿色能源技术。

学长为师，身正为范

王如竹可谓是地地道道的"交大人"。他1980年考入交大制冷专业，1987年2月硕士毕业后留校任助教，1987年9月成为交大制冷学科的第一个博士生，读博期间赴德国留学2年，因感念母校培养之恩，1990年毅然返回交大，并通过博士学位论文答辩。在那个知识分子下海经商蔚然成风的年代，出身于教师之家，自幼耳濡目染，对"人类灵魂工程师"称号心向往之的王如竹义无反顾选择了留校任教。1994年他破格晋升为教授时不满30周岁，是当时上海市最年轻的教授。由于他在高端科研领域成绩斐然，声誉日隆，不少企业开出高薪和各种优惠条件，甚至给他企业研发中心老总的头衔，千方百计来招揽他，但始终未能动摇他钟情教育事业的决心。

二十多年来王如竹始终扎根在教学和科研的第一线，即使在已经享誉国内外、日程安排日益繁忙的情况下，他依然坚持为本科生授课。王如竹开设的"可再生能源高效转化与利用"、"低温技术及其应用"等课程，深入浅出、生动精彩，深受学生们喜爱，他也荣获了"上海交通大学最受学生欢迎教师"的称号。

"要让学生记住你，你就得把心用在学生身上，老师的每句话，上课时的一个动作、或是给开小差的学生一个眼色，都会有可能留在学生的记忆里。"王如竹深有体会地说。为了记住学生的名字，他曾经给班上的每个学生拍照。路上相遇，他能立刻叫出学生的名字。一位学生说："王老师是国家级名师，居然能叫出一位普通学生的名字，让我心里十分激动。"对此，王如竹有自己独特的教育理念，他认为要培养国家精英人才，就必须视每个学生为精英。每位学生都隐藏着巨大的潜能，作为教师就是要善于发掘学生的潜能，培养他们的责任意识，激励他们的成长。教师的关注、赏识和鼓励，能让学生形成"我是精英，不能松懈，要以高标准要求自己"的潜意识，这对学生将来的发展有着重要而深远的影响。

大胆改革、开拓创新是王如竹一贯的作风。七年前，他为大一新生开设了20人规模的"可再生能源高效转化与利用"新生研讨课，经过两年实践后建立了全新的课程体系。36学时的课程，他自己讲18学时，剩下的18学时由学生分期分批讲课，他作点评，并让学生在此基础上学习修改，逐步形成比较成熟完善的PPT和与之对应的一篇5000—8000字的论文。第三年他邀请图书馆馆员在新生研讨课上讲解如何查阅文献，如何科学引用文献写论文。通过这一举措，大一学生的信息素养获得了提高，也为他们未来做科学研究打下了基础。课程结束时，每个学生均可拿到一张光盘，内容有课程教学大纲、主要教学PPT、学生的PPT和论文及演讲展示视频。这门课程在学生中形成了很好的口碑，要求参与的人数不断增加，然而研讨课最多也就是安排30人规模，为此王如竹对教学方法做了同步调整。他按照可再生能源的五个主要领域来组织研讨选题和分组，将原来的"个人学习"发展为"团队学习"。他要求学生以团队名义发表PPT，撰写研究论文，还要求把课堂延伸到网上课程平台，同时增加团队数字化影视DV展示。另外设计辩论题目"未来的能源谁主宰"开展辩论赛，请每个队推出四位辩手，整理自己的立论及对其他立论的批判。这样团队每个成员的积极性都被充分调动起来了，学生们的创新热情空前高涨，汇报成果也十分精彩，研讨课取得了出乎意料的成功。

"要让学生记住你，你就得把心用在学生身上，老师的每句话，上课时的一个动作、或是给开小差的学生一个眼色，都会有可能留在学生的记忆里。"

　　王如竹注重培养学生创新精神，他认为，课外科技创新实践是学生的第二课堂，他真正把学生带进了实验室。在创新实践课外活动中，他首先给学生出一道命题，由学生主动查找资料，提出研究方案，甚至是建立一些简单的实验装置或样机。学生带着选题去学习和运用知识，知识综合应用能力得到了明显提高。例如2008年，大三学生张磊，主动找到王教授，提出希望进行创新实践，王教授对学生的创新实践要求不仅是来者不拒，而且由衷地感到高兴。他说："这样的学

生，老师没有任何拒绝的理由。"结果张磊同学制作的利用化学反应制冷和制热的再吸附制冷器，参加了全国大学生节能减排创新大赛，获得了一等奖。此后王如竹指导的学生团队获得了该奖项的3个特等奖和4个一等奖。

刚刚走过知天命之年的王如竹如今已桃李满天下，大批由他培养的精英活跃在科研和教学的第一线。为教育事业无悔奉献的他先后获得"国家级教学名师""全国模范教师"、"上海市首届教书育人楷模"等称号。

"顶天立地"做科研，"冷暖与共"建团队

做科研要"顶天立地"，这是王如竹常说的一句话。"顶天"是指从事的课题要瞄准原创，达到国际先进甚至领先水平；"立地"是指做科研要脚踏实地，从基础性的东西做起，科技创新应与市场相结合。这是他科研生涯的信条，并以此为准则潜心钻研、积极创新、促进学科发展。

能源短缺、温室效应已成为全球面临的主要问题。与传统蒸气压缩式制冷技术相比，吸附制冷具有节能、环保、控制简单、运行费用低廉等优点，是一种环境友好型制冷方式，过去一度是冷门研究课题，如今已成为关注热点。王如竹率领的团队多年来却一直锁定吸附式制冷的研究，在他眼中，不起眼的余热、废热都是宝。他们围绕"节能环保与制冷行业的发展"，开展了吸附式制冷机理与传热传质特性及循环理论系统研究，突破了吸附制冷的关键问题，使得吸附制冷与低品位热能有效结合利用成为可能，研究成果带动了国际吸附式制冷研究的发展。上海交通大学王如竹的名字在国际

吸附制冷领域无人不知。

回忆起1993年，不到而立之年的他从老所长手中接过制冷学科负责人的重担时，王如竹说他深知孤掌难鸣，只有依靠团队力量，才能把上海交大的这个老学科做大做强。在团队建设和管理上，他坚持"以人为本"，将团队每个成员的优势和团队发展密切结合起来，尽力给青年教师创造锻炼的机会，使他们的教学科研能力得到了很好的发展。青年教师在收获个人成果的同时，也带来学科团队的进步。王如竹早已习惯看着自己的学生成长为与自己共事的教授，他至今已培养博士近五十名，其中有16人已经成为国内高校中的正教授。

为了增进师生之间的交流，加强团队凝聚力，王如竹组织开展了以"关注交大冷暖"（"冷暖"两字代表 "制冷"与"暖通"两个专业）为主题的一系列丰富多彩的校园文化建设活动，活动激发了师生工作和学习的热情与创造力，使得制冷所的每位成员都能深切地感受到源自大家庭的温暖与活力。2013年的晚会上，当一群年轻教师在台上跳骑马舞时，王如竹出其不意地纵身跃上台与大家共舞，现场沸腾了，尖叫声、掌声顿时响彻全场。

勇做行业先锋，闪耀国际舞台

近年，我国南方屡遭"冷冬"，居民对冬季取暖的呼声越来越高，但是由于我国城市规划设计中没有考虑南方集中供暖，于是富裕起来的南方居民迫切需求新型高效的住宅供暖新产品。王如竹率领团队在热泵热水器以及绿色建筑能源

他坚持"以人为本"，将团队每个成员的优势和团队发展密切结合起来，尽力给青年教师创造锻炼的机会。

系统的研究基础上,通过创新实践,提出了采用空气源热泵热水系统与室内小温差末端结合的新型采暖模式,空气源热泵生产的35度热水即可实现高效采暖,达到室内18-22摄氏度的舒适性控制。现有空调对老人和小孩的健康有一定影响,如用一机多能的模式,每户家庭只要有一台3匹外机就可以实现冬季

采暖、夏季空调,还可提供生活热水,不但节能20%-30%,还更加舒适,而且投入和运行的费用更低。"这个新型系统和模式可以造福于民。"王如竹言语中充满着对人民的深情厚意。据悉,这种一机多能系统已经面市。

目前,王如竹团队又马不停蹄地开始进行"太阳能储热"方向的新课题研究,用通俗的话简单来说,就是将白天过剩的太阳能储存起来在没有太阳的时候使用。王如竹预计十年之后,这将发展成为极大的产业。而在初始阶段就看到前景,潜心将看似没有价值的东西通过研发变成有价值的产品,成为行业先锋和示范,并普及于世、便利大众的生活,这正是王如竹始终不渝追求的目标。2014年,凝结他二十多年心血的科研成果"吸附式制冷的吸附机理、循环构建及热

设计理论"获得了国家自然科学奖二等奖。

在经济全球化的大背景下,教学和科研的国际化是大家关注的热点。王如竹说:"我们教师应该走到国际学术舞台的前面,也应该让学生在国际舞台上唱戏。给学生创造一些机会,让他们有更好的发展。"为此,他非常重视开拓国际视野,致力于为师生搭建广阔的国际学术交流平台。他利用自身的优势资源,广泛开展与许多国外学校和企业的合作交流,每年邀请20余批国外知名学者前来交流讲座和客座讲学,经常主办国际学术会议;建立了与美国普渡大学、法国萨瓦大学、英国纽卡斯尔大学、挪威科技大学等国外名校的制冷专业学生互访及留学计划。

英国制冷学会特别授予王如竹2013年度J&E Hall金牌奖励(此奖励每年只授予1名对国际制冷学科发展做出杰出贡献的学者),王如竹从众多国际知名候选人中脱颖而出,成为该奖项设立35年来首位获得此殊荣的华人学者。在颁奖晚宴上,面对全球制冷学科的翘楚,王如竹在获奖词中说:"在我之前34届的获奖者都是我最敬仰的前辈和同行,而今天我的名字能与他们列在一起,令我感到十分荣幸,也是对我极大的鞭策。中国的制冷空调业在过去的十多年得到了非常快速的发展,现在已经成为世界第一制造大国,而我们中国的制冷空调学者和工业界都希望能有更多创新,把我们的创造带给世界……"

中国的制冷空调业在过去的十多年得到了非常快速的发展,现在已经成为世界第一制造大国,而我们中国的制冷空调学者和工业界都希望能有更多创新,把我们的创造带给世界……

在王如竹的眼里，自然界中的热能、太阳能热能、甚至很低温度的工业余热或废热都是可以获得有效利用的宝贝。这些低品位的热能在他的手里可以转变为高品位的热能或者高品位的冷能。

他发明的空气源热泵热水器消耗1份电力可以从空气中吸收3份的热能，热泵热水器效率是电热水器的4倍；他发明的空气源热泵与小温差风机盘管结合的一机多能能源中心，冬季可以高效舒适供暖，夏季高效空调制冷，每天提供生活热水。该产品彻底破解南方冬季供暖难题，普通老百姓也能享受五星级的舒适空调。

他开拓创新了55度热水也能空调制冷的吸附制冷新技术，太阳能集热器夏季可以为空调制冷提供动力，从而实现了太阳能热水、采暖、空调制冷与建筑的一体化。

他发明了多种余热制冷装置，原来烟气余热可以制冰和空调，不久的将来渔船出海不再需要带冰，因为用上了吸收式制冰机；汽车空调制冷可以全免费，因为烟气的余热也是可资利用的能源。

他发明了高密度热能储存的蓄热器，太阳能夏季热能可以冬天用，白天热能可以晚上用，可以预见以后蓄热比蓄电还要方便......

因材施教，发挥每个人的特质！
尽其所能，不仅传播知识，
更要创造知识，
做顶天立地的科技弄潮儿！

作家手记

有才能更有情怀的君子

　　采访王如竹教授前夜，我心中着实忐忑。作为一名从中学时就偏文科的写作者，看到他的助理提供的资料时已经令我头晕。其中部分专业术语我盯着屏幕一字字看，反复看好几遍都难以记住，更别提明白其含义。我不得不通过百度搜索，总算搞清楚几个最基本的概念。

　　然而所有的不安和顾虑在见到王如竹那一刻烟消云散，他和蔼地微笑着，热情与我握手，并端上意大利咖啡机研磨出来的香浓咖啡，一派温厚儒雅的绅士风范。

　　采访就在王如竹主持建设的"中意绿色能源楼"三楼家居实验区进行。谈话未正式开始之前，他提出带我到对面的房间参观。一进门，我就感受到别样的温暖，这正是利用王如竹团队研发的采用空气源热泵热水系统与室内小温差末端结合采暖模式的具体展示。奇妙之处在于，这种采暖模式既不产生任何噪音，也不令人感到干燥不适，甚至都察觉不到它的存在，只让人感到如在春日般的舒适。之后，我们又回到之前房间继续采访。这房间里安装的是日本某知名品牌的空调，过了一会儿，我明显感到阵阵凉意，不得不把大衣穿上。王教授自己也披上外衣，得意笑道："怎么样，日本的名牌空调被我们研发的产品比下去了！"此时我自然是深深地敬服。

　　人的时间和精力都有限，可我看材料时觉得王如竹似乎一天有48小时，精力无穷用不完，否则他怎么能既在学术研究上不断取得丰硕成果，又培养出那么多优秀的学生，还能带领建设出一流团队？我想了解他有何秘诀，他说首先当然是合理管理和安排时间，充分使用整块时间、巧妙利用零碎时间。另外也是最关键的，就是团队合作。个人能力再强毕竟有薄弱之处，而良好的团队合作则能让每个人发挥优势、整合资源、达到最佳效果。谈及多年来带领团队的感悟，王如竹说："多看别人的长处，互相欣赏和包容。"这话语虽简单，对于团队领导者来说做起来却并不容易。王如竹团队中不少成员是在某个方面特别擅长，比如特别擅长写论文或者特别擅长带学生，但是在其他方面却比较弱，像这样的人独立发展可能会举步维艰，但是在王如竹的团队里，他们却找到了最适合自己的位置，收获了长足的进步。慧眼识人并使人尽其才、才尽其专，这不正是最高明的领导艺术吗？

也许是脚踏实地的性格使然，王如竹虽是教授、博导、国际知名的科学家，但他所有的语言却都是平实的。谈人生观他说："做人要讲正气、清清白白，既坚持原则又能灵活应变。"谈价值观他说："人生必须要有目标，但这目标不能遥不可及，而是经过努力可以达到的。"谈起当初为什么选择冷门的"吸附式制冷"作为研究方向时他说："当时没想太多，只是觉得这个方向既有发展潜力，又有益于环保，所以就投入进去，一直坚持到今天。"谈到何为"模范"，他说："我觉得模范就是要身正，以身作则、实实在在带动别人。"

听其言而观其行，言行一致、德才兼备、求道不辍乃君子。有眼光、有毅力、有才能更有情怀，王如竹可谓是高风亮节、人如其名。

> "我觉得模范就是要身正，以身作则、实实在在带动别人。"

勇于担当的航天人

——翁伟樑

颁奖词

　　雄关漫道真如铁，在"长征"路上，你忙碌了半个多世纪。你为长征火箭贡献了心脏和翅膀，是因为自己有一颗奉献的心灵、一对创新的翅膀。升空日行八万里，巡天遥看一千河，梦想与航空齐飞，你同样有着一次又一次美丽的翱翔！

职业履历

姓　　名	翁伟樑	
年　　龄	62	
性　　别	男	
单　　位	上海航天局	
学　　历	大学本科	
职　　务	运载火箭总指挥	
职　　称	研究员	

荣誉榜

★ 上海市先进工作者
★ 国防科工委一等功

职业经历

★ 历任上海航天局科研一部副部长、部长、长征二号丁运载火箭副总指挥、长征四号乙运载火箭副总指挥等职务。
★ 现任长征四号乙/丙运载火箭总指挥。

职业生涯中最难忘的事

2014年顶住压力完成七次发射任务，其中创了一个月完成三发火箭和二十天完成三发火箭发射的纪录。长征四号乙遥三十二火箭成功发射中巴合作的资源一号04星，实现中国长征系列火箭第200次发射圆满成功的目标。

职业生涯的自我评价

踏实勤勉，为我国航天事业贡献自己的力量。

职业格言

在科学上没有平坦的大道，只有不畏劳苦，沿着陡峭山路攀登的人，才有希望达到光辉的顶点。

——马克思

心中偶像　　钱学森

兴趣爱好　　看书、听音乐

勇于担当的航天人

文/韦泱 王玮

航天发射场，一枚高耸矗立的运载火箭在轰鸣声中拔地而起，带着烈焰划破长空，随着一次次精准的分离，运载火箭准确将卫星送入预定轨道，又一次航天任务圆满成功……每当出现这样的画面，总能够让国人倍感振奋和自

豪，因为航天正是国家科技实力的综合体现，而运载火箭，作为衡量一个国家航天发展水平的重要标尺，堪称"国之重器"。

在我国的运载火箭家族中，不得不提上海航天局抓总研制的"长征四号系列运载火箭"，作为我国太阳同步轨道卫星发射的主力运载火箭，它在多项任务中立下赫赫战功。翁伟樑，正是长征四号系列运载火箭的总指挥，四十箭六十五星的发射成功，记录了这位航天领军人执着的追求。

投身航天 三十载立下赫赫战功

刚从发射场返回的翁伟樑总指挥，脸上带着喜悦，这过去的2014年，他带领了长征四号系列运载火箭研制队伍刚刚取得了七战七捷的优异成绩。风趣而又健谈，这位航天老兵甫一见面，就给人非常亲切的印象；博闻而又强记，接触几次，自然会被他的渊博和魅力所折服。

翁伟樑毕业于复旦大学数学系，从进入航天的那天起，便抱定了为祖国航天事业贡献力量的决心，三十多年的航天生涯，踏实勤勉地做好每一点一滴，努力推动型号技术进步，带领型号取得一次次成功，终于为国家铸成利器。长征四号乙运载火箭获国防科技一等奖和国家科技进步二等奖；长征四号丙运载火箭获国防科技二等奖；长征四号系列运载火箭被中国航天科技集团公司授予"金牌火箭"荣誉称号。翁伟樑于2001年被国防科工委授予武器装备研制一等功；2002年被总装备部、国防科工委授予"军三星"研制先进个人；2004年获航天科技集团公司"航天奖"；2008年获"中国航天基金奖"；2012年获国务院"政府特殊津贴"……

处变不惊 战"泽国"尽显大将风范

世人常津津乐道的，是航天光鲜的成功，然而不为人知的，却是危急关头一幕幕的奋战场面。翁伟樑在他的航天生涯中，不乏力挽狂澜的时刻。

2004年秋天，翁伟樑和他的战友们又来到太原卫星发射中心，由他们精心打造的长征四号乙遥七火箭，将执行"实践六号"双星发射任务。经过一系列的精心作业和技术测试，火箭终于以最好的状态竖立在了发射塔架，只等加注好推进剂，便可待命发射。

第二天清晨，翁伟樑带着一天的工作计划，像往常一样来到发射区，刚进大门，就觉得很不对劲：高音广播喇叭响起，密集发出各种指令，场坪人员急促往来，一定有大事发生！翁伟樑急忙奔向火箭，当时的场景真让他心凉了半截：发射架上的消防设备因为故障意外打开，巨大的水柱暴雨似地倾泻到火箭上，不到十分钟，塔架从上到下已成泽国。紧急排故后水止住了，但遭遇水冲，火箭的电气系统大受损伤，已不可能按原计划发射了。

遇到这样罕见的场面，时任型号副总指挥的翁伟樑极力让自己冷静下来，一面在第一时间向上级领导汇报事故情况，一面在大脑中飞速构想着对策。只有两种选择：一种是中止发射程序，火箭返回上海处理，这样风险最小，但由于许多工作不可逆，要报废大量箭上、星上产品，带来的损失可能要几千万，更重要的是，再重新组织发射，至少要半年，国家急需的型号任务有可能因此而推迟完成；另一种是就地处理，排除险情，可以挽回损失，但发射的风险巨大，谁也没有十分把握。在场的上海航天局领导和型号"两总"（总指挥、总设计师）经过紧急研究，决定迎难而上。翁总紧急调度，带领试验队员，迅速投入决战"泽国"的战斗。后方赶快将全套电缆图送往基地，一一找出相关节点，做好重新测试准备。另一路人马赶紧打开通风设备，把干燥的热风送到火箭舱，并打开各层塔架平台，加强空气对流，吹干水渍。

四十多台设备，六十多条电缆，一百多个插座，一万多个节点，一一被擦净烘干，再一一检查、测试。他始终在第一线，四天三夜，通宵达旦，终于排除了由"泽国"而导致的各种问题。2004年9月8日，火箭迎着初升的太阳，仿佛凤凰涅槃，获得新生，"点火，起飞！"随着指挥一声令下，火箭带着"实践六号"双星，向太空飞去，十几分钟后，卫

他始终在第一线，四天三夜，通宵达旦，终于排除了由"泽国"而导致的各种问题。

星终于准确入轨。

　　还有一次，是遥感卫星九号的发射。距离发射只有三天时，在轨运行的某颗卫星的一个部件出现了故障，因为遥感卫星九号采用了相同的部件，为确保不带一丝隐患上天，卫星需从火箭上下来返回技术区进行举一反三处理，火箭也要配合做相应工作。面对此突发状况，翁总一边紧锣密鼓布置配合卫星举一反三工作，一边安排火箭试验队撤场、产品状态恢复。合理的调度安排带来的是最大的时间和经济效益，终于，任务在最短的时间内重新回到正轨，并取得了最后的成功。

这样的突发情况，翁伟樑经历了很多，谈到处变不惊，他更愿意归功于型号队伍技术吃得透，预案做得足，比意志力更重要的是精细化，航天就是靠这个取得了一次次骄人的战绩。

舍小为大 为成功扎根科研前线

生在和平年代，却一定要有打硬仗的素质，才能在航天工作中啃下硬骨头。"战斗"可能随时到来，"战役"可能迁延日久，翁伟樑多年来在航天第一线，因为一心扑在工作上，对小家却时常充满了愧疚。

2009年底，长征四号丙火箭首次赴中国酒泉卫星发射中心执行任务，原计划用成功喜迎春节，可谁曾想这发任务竟是如此的一波三折，火箭、卫星、发射场相继出现了质量问题，需要排除故障，重新安排流程。翁总在不影响工作的前提下，安排大量试验队员撤场、回家过年。而他自己毅然留下来带领十余人小分队坚守阵地。那年大年三十，酒泉卫星中心漫天的飞雪不约而至，一片银装素裹，年夜饭、爆竹声后，航天城如此的静谧；听见电话的那一端女儿的声音、夫人的问候，泪水盈满了眼眶。任电视里的晚会多么热闹，然而此时，他心里想到更多的仍是和他一起留守的同志们，不忘送去关怀和温暖，鼓励大家再坚持、坚持。终于，历经无数困难，历时66天，长征四号丙火箭圆满地完成了一箭三星的发射任务，实现了在酒泉卫星发射中心的首战全胜。

"不光是春节，还有国庆节、中秋节、元宵节……在发

翁伟樑多年来在航天第一线，因为一心扑在工作上，对小家却时常充满了愧疚。

射场度过的节日可多了。"翁总数着数着，竟也记不清有多少好时光，没在家人身旁了。"不过这也让我们的团队，像一家人一样。"

在外过节早已是家常便饭，不过有一件事却让翁总久久无法释怀。那一年，翁总的夫人因病住进了医院，需要做手术。手术当天，翁总恰好要到北京参加一个重要的会议，涉及一项重要的国防工程。翁总赶往北京前，特意安排妹妹来陪伴夫人的手术，会议结束马上回到了上海，陪在夫人身边，整整陪伴了两个不眠之夜，尽力照顾夫人康复。尽管如此，妹妹还是责怪道："难道型号缺了你就不行吗？"翁总没有回答，因为已亏欠太多，可他心里知道，不是型号缺了他行不行的问题，而是他作为型号总指挥，必须担当得起这份责任。

并非没有温情，战士身在火线岂能轻易言退？一切只盼早日胜利后再来回报。

> 从一次成功到再次成功，不是简单的复制，而是对性能和质量不断地追求。

锐意进取 求创新打造金牌火箭

从一次成功到再次成功，不是简单的复制，而是对性能和质量不断地追求。对待参与研制的火箭，就像自己的孩子一样，最乐于看着她一点一点地成长。翁伟樑主抓长征四号火箭的研制，从来不局限于已有的成绩，多年来从未停下改进、创新的脚步。在坚持"高可靠、低成本、优性能"的创新原则下，翁总带领他的团队不断对火箭进行持续的技术改进，他主动请缨，负责八院运载火箭可靠性课题管理工作，策划组织完成了三十余项可靠性课题研究，为八院运载火箭可靠性不断提高做出了突出贡献。

对于轨道高度较高的卫星来说，火箭的末级如果能多次启动，有效利用中间的滑行段，可以将火箭发射卫星的重量大大提高。九十年代末，随着卫星重量的不断增大，长征四号火箭迫切需要攻克该项技术。翁伟樑积极参与了这项新技术的研究，和团队一起攻坚克难，相继解决了发动机热泵起

动问题、滑行段推进剂管理等重大难题，2006年4月27日，长征四号火箭首次实现了末级二次启动，发射遥感卫星一号取得圆满成功。性能的提高使得长征四号火箭的任务适应性上了一个台阶，自然成为国内发射各种太阳同步轨道卫星、倾斜圆轨道卫星的首选火箭。

长征四号火箭早期的控制系统只采用一套平台系统进行控制，隐患是一旦平台失效，火箭将发生灾难性事故，无法补救。为提高火箭的可靠性，翁伟樑积极支持研制控制系统冗余技术，并引入卫星导航系统参与控制，大幅度提高了火箭的可靠性和卫星的入轨精度。经过几年的研制和反复的试验验证，到2014年底，这项技术已经成熟地应用到长征四号系列运载火箭上，任务中得到卫星用户一致好评，翁伟樑总指挥功不可没。

火箭发动机舱内部多个部件对于温度要求非常严苛，某些部件在-10℃以下便会失灵，这大大限制了长征四号火箭全天候作战的能力，要知道，在酒泉和太原两个发射中心，冬天动辄便会有零下二三十摄氏度的低温。怎么给火箭保温，成了摆在型号面前的一个大问题，翁伟樑和型号队伍反复研究，认真梳理了薄弱环节，确定了几个专项攻关课题，制定了一整套冬季发射保障措施，包括增设保温层、增加塔勤加温系统、更换耐寒单机等。通过努力，型号已经解除了原有的低温限制，多次实现了在冬季严寒下的成功发射，全天候适应性大大改善。

书写历史 率铁军勇夺七战七捷

历史是写满纪录的，纪录是用来打破的。翁伟樑用他的勤勉，带着他的铁军打破了一个又一个纪录，书写了新的历史。

型号在2013年底遭遇了一次挫折，随后开展的归零工作使得2014年本已排得满满当当的工作更加紧张。"留给我们的时间已经不多了"。对这支队伍而言，连续执行发射任务已经是家常便饭，有时还需分赴不同发射基地同时执行任务，并且还要在上海并行开展总装总测工作。翁伟樑非常重视队伍建设，志在打造一支业务过硬、思想统一的铁军，鼓励青年设计师在岗位工作中成才。两年来，型号已完成了新老交替，一批有真才实干的年轻骨干已能担当重任。2014年，型号创纪录地完成了七发火箭圆满成功的卓越战绩。

2014年12月7日，中国太原卫星中心，飞行指挥控制大

历史是写满纪录的，纪录是用来打破的。翁伟樑用他的勤勉，带着他的铁军打破了一个又一个纪录，书写了新的历史。

厅里，坐满了中国和巴西航天领域的领导和专家，人们目不转睛地盯着巨型屏幕上火箭的飞行轨迹及参数曲线，"一二级分离"、"二三级分离"、"三级发动机点火"……，声声指令响彻大厅，牵动着每个人的心，当传来"星箭分离"时，经久不息的掌声响起；当司令员宣布长征四号乙火箭发射中巴合作资源一号04卫星圆满成功时，人们激动地纷纷起身向长征四号系列火箭的总指挥翁伟樑握手、拥抱、祝贺，这是中国长征系列运载火箭的第200次飞行，中国成为了世界第三个实现运载火箭200次发射的国家，一个新的里程碑诞生了！翁伟樑总指挥带着他的队伍，不负祖国航天事业的使命，实现了誓师大会上许下的宏愿，而这一切，是靠一点一滴的踏实工作完成的。

长征系列火箭第一个100发用了37年，第二个100发只用了7年。这7年，也是型号任务最艰巨的7年。高密度发射考验

的不仅是产品性能，还有管理水平。面对日益繁重的任务，翁伟樑总指挥一方面推进技术改进，一方面抓资源调配。技术方面，努力优化和精简流程，原来执行一次发射任务需要45天，通过不断探索，已压缩到二十天左右，大大提高了火箭密集发射的能力，达到国际先进水平。管理方面，通过能力提升和优化配置，做到了在不增加人员的基础上，具备同时在两个基地同时执行发射任务的能力。2014年12月7日、11日、27日，在短短20天内长征四号系列火箭连续三发发射成功，也创造了中国航天同一型号运载火箭密集发射的历史之最。

为了让祖国从航天大国向航天强国迈进，翁伟樑一直在努力着……

带领型号队伍创造更多的成功。

倾　听

也许，二零一四年初我采访的对象是航天劳模张崇峰。这次，主事者仍让我继续采访航天劳模，说相对其他作家，你对航天系统更熟悉些。我说好。

记得，在那篇《采访手记》中的第一句话，就是"我想挑战一下自我"。为什么呢？因为"对于这样一个技术密集型的高端科技行业，我总是觉得有点神秘感"。

这次，我要说，这依然是一种挑战。写不熟悉的领域，对写作者来说，是一种挑战。写熟悉的领域，要写出新意来，更是一种挑战。

当我再次去往上海偏西南的航天城，不禁想，航天事业实在是不容易。其行业特点，决定了这支队伍不仅是技术高科技，而且是人才高素质。从这些年劳模辈出，即可窥一斑。他们的员工队伍建设具有一流的水准，这在其他行业中尚不多见。

更不容易的是，他们为国家做出了巨大的贡献，还十分低调，原因何在呢？这也是行业特点所决定的。航天工业，涉及到许多国防科研、军工需求，是绝对保密的。正巧，二零一五年新年伊始，国家科学技术奖励大会隆重举行，习近平总书记为国家最高科技奖获得者、中国科学院院士、中国工程物理研究院高级顾问于敏颁奖。于敏是谁？以前几乎无人知晓。他是中国第一代氢弹专家，从上世纪六十年代起，钱三强交给他研究氢弹的特殊任务后，二十八年来隐姓埋名，连老婆都不知道他研究的是啥玩意儿。一直到九十年代末，他被授予"两弹一星"功勋奖章时，还说"这是集体的功劳"。

原子弹、氢弹、火箭、卫星，都是中华民族自强不息的象征，是中国崛起于世界之林的综合实力的集中体现。从事这些事业的人，是真正的无名英雄。即使像张崇峰、翁伟樑这样的航天劳模，仍有许多机密，不宜对外宣传。当然，党和人民依然给予他们应有的荣誉。对于一个写作者来说，能够有机会与他们面对面，倾听他们的心声，那是一种幸运，一种机缘。

一路上这么想着，崇敬之情已油然而生。

在航天城，采访翁伟樑出人意料地顺利。此间，又获准参观新设立的上海航天陈列馆，对航天工程技术、航天各路专家有了更多直观、感性的认识。那些原来陌生的专业名词，也叠化出一则则生动、形象的故事。

航天城地灵人杰，集聚了来自全国的人才，互相交流，可谓南腔北调。与翁总访谈，却更多了一份家乡人的亲切感。他说他是上海人，从小在老城厢长大。我说我也是。他说他有过八年的插队落户经历，却一言不说此中的甘苦。我懂的。"八年了，别提它了"。这句戏中语，已包含了他全部的人生历练。那些艰难岁月的打磨，练就了他的指挥能力、胆识，成就了他的事业、信念。翁伟樑将自己的青春和年华、将自己的全部心血默默奉献给了祖国的运载火箭事业，我由衷地为这位航天领军人赞叹！

对于一个写作者来说，能够有机会与他们面对面，倾听他们的心声，那是一种幸运，一种机缘。

希波克拉底的门徒

——葛均波

颁奖词

身怀悬壶仁术，心有良知璞玉。一个好医生，眼里看的是病，心里装的是人。对患者有最深的爱，对生命有更深的理解，所以才不离不弃。你把生命中所有的力量，化为一缕缕的阳光，希望能照进每个病人的心间，照亮他们的未来。

职业履历

姓　　名	葛均波
年　　龄	53
性　　别	男
单　　位	复旦大学附属中山医院
学　　历	博士研究生
职　　务	所长、科主任
职　　称	院士、教授、博导

荣誉榜

★ 上海市十大杰出青年
★ 全国五一劳动奖章
★ 国家科技进步二等奖

职业经历

★ 在山东省青岛医学院、山东医科大学、复旦大学上海医学院（原上海医科大学）、德国美因兹大学、德国埃森大学医学院求学。
★ 1999年作为教育部"长江学者奖励计划"特聘教授回国任职复旦大学附属中山医院。
★ 现任复旦大学附属中山医院心内科主任、上海市心血管病研究所长、复旦大学干细胞组织工程研究中心主任、复旦大学生物医学研究院双聘杰出学术带头人。

职业生涯中最难忘的事

2010年5月，我接诊了患有先天性心脏病并已严重心衰的10岁男孩杰杰。由于没有合适的导管，第一次介入手术失败，在不被家属理解的情况下，我并没有就此放弃，寻遍国内所有的导管生产厂家无果后，通过外国同行，专门定制导管，经不懈努力，手术获得圆满成功。目睹欢蹦乱跳的杰杰和孩子父母的笑容，我感到非常宽慰。

职业生涯的自我评价

无论面对医患矛盾还是教育问题，乃至社会种种弊端，都尽量扩散正能量。以心换心，全心全意为病人服务。

职业格言

探索无止境，勇攀医学高峰。

心中偶像　　毛泽东

兴趣爱好　　武术、音乐

希波克拉底的门徒

文 / 张予佳

题记（《希波克拉底誓言》节选）："仰赖医神阿波罗·埃斯克雷波斯、阿克索及天地诸神为证，鄙人敬谨直誓，愿尽余之能力与判断力所及，遵守为病家谋利益之信条……无论至于何处，遇男或女，贵人及奴婢，我之唯一目的，为病家谋幸福……尚使我严守上述誓言时，请求神祇让我生命与医

术能得无上光荣，我苟违誓，天地鬼神实共亟之。"

　　——希波克拉底（古希腊著名医师，西方医学奠基人，被誉为"医学之父"）

与死神争夺领地

　　葛均波至今依然清晰记得，他是1999年4月25日到中山医院报到的。在此之前，他是德国埃森大学医学院心内科血管内超声室主任。他谢绝了德国导师的诚意挽留，放弃了优厚的待遇而毅然举家回国，至此开始了新的一段与众不同的艰辛而精彩的人生。

　　到中山医院工作不久后，葛均波就发现，医院在心脏移植术方面的基础工作都比较扎实，包括动物实验也获得了成功，但迟迟没有开展临床实验。于是，他"敢为天下先"，把从德国带回来的相关操作方案和资料全部梳理整合齐全，向上级领导递交报告，同时致信上海医科大学的校长，希望继续推进这个重要项目。

　　可能是常年在国外学习和工作的历练，磨砺了葛均波勇

尚使我严守上述誓言时，请求神祇让我生命与医术能得无上光荣，我苟违誓，天地鬼神实共亟之。

于创新，敢于挑战的性格特征，当时年仅38岁的他真有些"初生牛犊不怕虎"的干劲。他建议由心内科选择病人，由心外科医生主刀，如果手术发生任何不良后果的话，一切由他个人承担！领导和同事们被他不计个人得失的精神所感染，纷纷表示愿意并肩作战，荣辱与共。理解与支持的手紧握在一起的那刻，他们自己也许并未意识到，其实他们正共同践行着希波克拉底誓言中，"愿尽余之能力与判断力所及"，"为病家谋利益"的亘古信条！

2000年5月，也就是葛均波到院工作仅仅一年之后，在他建议和主持下，经过共同努力，中山医院第一例心脏移植手术终于获得了成功，可以说"一夜之间"取得了突破性的进展和质的飞跃！如今，中山医院的心脏移植手术已成为全国的优秀典范。

葛均波曾说："对于必须进行心脏手术的病人而言，如果得不到医治，最终病逝只是时间问题。我作为医生，总不能眼睁睁看着他们一天天走向死亡吧？我更不能对明知是正确的事，而因可能发生的失败后果而不作为……"

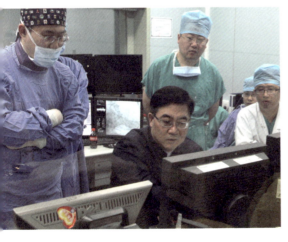

急性心肌梗死发病后，成千上万的细胞随着每分每秒的流逝而死亡，一直以来都是致死率很高的急症之一。1999年，由葛均波倡导成立了华东地区首条24小时全天候抢救急性心肌梗死病人的"绿色通道"，至今已成功救治了3000余例患者。

成立伊始，领导特批了3台寻呼机（当年别说手机，就是寻呼机也是稀罕的设备），配备给由医生、护士、技术员组成的3人应急小组。一旦寻呼机鸣叫并显示出那个特定的电话号码，只要人在本市，不管白天黑夜、酷暑严冬，都要立马放下手头的事，以最快速度往医院手术室赶——人命关天，争分夺秒！抱病接力急奔，还要克服交通拥堵，通宵达旦的"连轴转"等等感人事例，不胜枚举。

他们身体力行地一次次扛起生存的闸门，令患者逃离死神的领地——如果真的有死神，那么他看到这群满怀执著信念的白衣天使，一定会望而却步。

令天堑化为通途

时光回溯到1997年某个周末的上午，那时三十多岁的葛均波尚在德国工作。他像平时一般在埃森大学医学院心内科实验室分析资料，正全神贯注盯着一张心肌桥患者的超声图像观察，看着看着，猛然注意到图像中，声波反射形成的低回声或无回声的隐约半月形暗区，脑海里顿时灵光一闪。他立刻查找出众多相同病例仔细研究，最终确认每一例患者的超声图像中都存在相似的"半月现象"。

在此之前，判断是因心肌桥还是冠心病造成的心肌缺血一直是专业难题——两种病因表现相似而治疗手段完全不同。葛均波的发现成果极大地提高了心肌桥患者的确诊率，后被编入国际权威心血管病教科书，并被命名为"葛式现象"。

在那个历史性的关键时刻，正如科学先驱牛顿从别人熟视无睹的苹果落地现象，突发对引力的思索那般，葛均波的重大发现看似偶然，其实必然。这是他孜孜以求，全身心投入的结果，是常年"修炼"所达到的臻美境界的体现，也是其强烈的职业敏感度的最佳写照，更是他开拓未知世界，勇

他们身体力行地一次次扛起生存的闸门，令患者逃离死神的领地——如果真的有死神，那么他看到这群满怀执著信念的白衣天使，一定会望而却步。

攀巅峰的心理动能，源源不断，强实而有力。无论献身于何种领域拓展事业，只要具备了这样的精神基础与专业素养，建功立业就成了必然。

常年以来，心脏冠状动脉介入手术中一直采用无法降解，且植入后不可取出的金属支架，以至于美国一位57岁患者的心脏里，在十年间因反复手术居然放置了67个支架，状如鸟巢。另外，对国内患者而言，一个进口支架动辄就需四五万元，难以承受。于是，自2000年开始，葛均波率领攻坚团队，与华东理工大学高分子材料学专家携手，义无反顾

地投身于"国产可降解涂层冠脉药物洗脱支架"的研制中。他们几乎放弃了所有休息的时间，接连几个春节都是在实验室里度过。假期医院食堂"半开伙"，泡面、馒头、咸菜成了他们的日常主食，没有人抱怨和后悔，因为他们的关注力全部集中在寻找基础材料和药物涂层等技术难关上。苍天不负苦心人！最终，他们实验成功性能良好的聚乳酸类材料，并开发了非对称性涂层技术，2005年可降解涂层新型冠脉支架终于面世。这是国内首项具有完全独立的自主知识产权的心脏支架产品，如今已临床应用于全国超过900家医疗机构，并出口至俄罗斯、印度、新加坡等多国。

新型支架安全性更高，并由于全部国产化而成本明显降低，平均每年超过8万例冠心病患者因此获益，为患者和国家节省医疗费用高达12亿元，可谓"功德无量"。随着新型支架的市场份额不断攀升，进口支架在市场倒逼的情状下，被迫以七八成的大幅度让利降价。2013年，葛均波率领团队再接再厉，推出我国首例完全可降解冠脉支架，引领我国的"冠脉介入治疗第四次革命"，意义非凡。

回国工作后的葛均波硕果累累，不断创造出新的奇迹。他成功开展了"带膜支架植入术"治疗斑块破裂、冠状动脉"高频旋磨术"、数字化双平板磁导航心血管介入手术、经皮主动脉瓣植入术，均为国内首例。他还获得了本市首例切割球囊治疗冠心病、冠状动脉腔内照射治疗技术、颈动脉支架植入术治疗脑缺血等等医学成果。

探索无止境，勇者继续行，最令葛均波激动与欣慰的不仅仅是种种成功本身，还有每逢收获之际，在心灵深处，他似乎感受到希波克拉底会心的微笑与掌声，那来自历史发端的永恒回响。

对患者以心换心

在心灵深处，他似乎感受到希波克拉底会心的微笑与掌声，那来自历史发端的永恒回响。

葛均波与如今已年逾九旬的周老伯是从最初的医患关系开始，而结下多年友谊的。近20年前，以日预计自己生命终点的周老伯上门求医，常年从事辞书编撰工作的他对自己的事业还夙愿未了。手术成功后，葛均波笑着对周老伯说："我可以保证您能按照年度，安排文字工作计划了。"至今，周老伯果然又编撰出版了多部辞书。每年春节，两人都要见面倾谈。周老伯经常发自肺腑的感慨，正是葛均波赋予了他这20年的生命长度啊！

患者们对葛均波精湛的医术与高尚的医德口口相传，树立了口碑与美誉。曾经有一位80多岁的冠心病患者从外地慕名而来，恳请葛均波为其做介入手术。经仔细诊断后，他向患者耐心解释："您的心脏病属于稳定性病变，只要不干重体力活儿和不急速奔跑，就不会出问题。假如在您的心脏血管里安放支架，我只需要花15分钟，可从此您就要长期服用抗血小板凝结的药物，有脑出血的风险，因此放支架的弊大于利。"见患者还是犹豫不决，葛均波又劝慰道："假如您是我的母亲，我一定不建议您做这个手术。"正是这句话，正是如此以心换心的真挚之情，最终说服了患者及其家属。

还有一位年逾古稀的北方老军人，从当地辗转北京，再到上海求医。由于他心肌最重要的血管几乎已全部堵塞，且严重钙化，随时都有生命危险，手术难度和风险非常高，多地医院都没有把握实施手术。素有"巧手"美誉的葛均波带

领他的助手迎难而上，运用"高频旋磨术"在其严重钙化的冠状动脉中，硬是打通一条1.25厘米的微型"隧道"，顺利安放了支架，并一次性解决了3支血管的病变问题。患者终于转危为安。

四个多小时高强度的工作结束后，当浑身汗水湿透，手术服上还溅着血液的葛均波走出来，告知家属手术成功的

消息时，迎面就见一位白发苍苍的老太太双手奉上了水杯。就在他下意识地接过水杯后，老太太突然双膝跪地，不断磕起头来，没几下额头竟然渗出了血。葛均波和护士们连忙将她搀扶起来，并为她紧急止血。老太太说自己13岁就嫁给了那位老军人，"老爷子就是家里的天"，他们千里迢迢奔赴上海求医，"如果老爷子有个三长两短，全家都回不了家乡了"，葛均波就是救了他们全家性命的"活菩萨"……事后，葛均波感慨万千，作为医生如果一生哪怕只遇见一次类似的场景，那么就不枉自己选择的职业与再艰辛的付出。

至今，葛均波已成功完成了上万例介入手术，其中曾经历过一场前所未有的挑战，令他印象深刻。2010年5月，他接诊了患有先天性心脏病，且已严重心衰的10岁男孩杰杰。手术中，就在葛均波准备将指引导管从杰杰的左腿股动脉放入

时，突然发现由于杰杰长期体弱多病，发育不良，血管比同龄孩子细小，即使口径最细微的导管还是无法插入。这种术前难以发现和预计的难题导致术中搁浅。更糟糕的是，由于手术采用局部麻醉，如此折腾了半个多小时，逐渐丧失耐心的杰杰开始哭闹起来，为避免导管随时可能刮破血管内膜的意外，不得不对他紧急实施全身麻醉。没想到，麻醉剂刚一注入，杰杰突然休克了，手术室里顿时变得一片忙乱。万幸的是，经过两个多小时的急救，他恢复了心跳和呼吸，但介入手术宣告失败。

当焦虑与劳累得几近虚脱的葛均波稍稍定下心神，满怀歉意地告知孩子的父母这个消息时，爱子心切的母亲脱口而出："那么孩子三小时的罪就白受啦？！"这句话令葛均波深受打击，一种欲哭无泪的痛楚弥漫在心头。

然而，葛均波并没有就此放弃。他寻遍国内所有的导管生产厂家无果后，又通过日本同行，在那里终于定制到了合适的导管。经多方不懈努力，对杰杰的第二次手术圆满成功。此外，考虑到这个来自农村的贫困家庭无力承担治疗费用，在葛均波奔波协调下，日本的导管生产者、支架公司免除了器材费，院方则免除了手术费，葛均波所在的心内科医生们还纷纷为杰杰一家捐款。

目睹欢蹦乱跳的杰杰和他父母宽慰的笑容，葛均波的耳畔仿佛再次回荡着"希波克拉底誓言"中的那句话，"无论至于何处，遇男或女，贵人及奴婢，我之唯一目的，为病家谋幸福……"

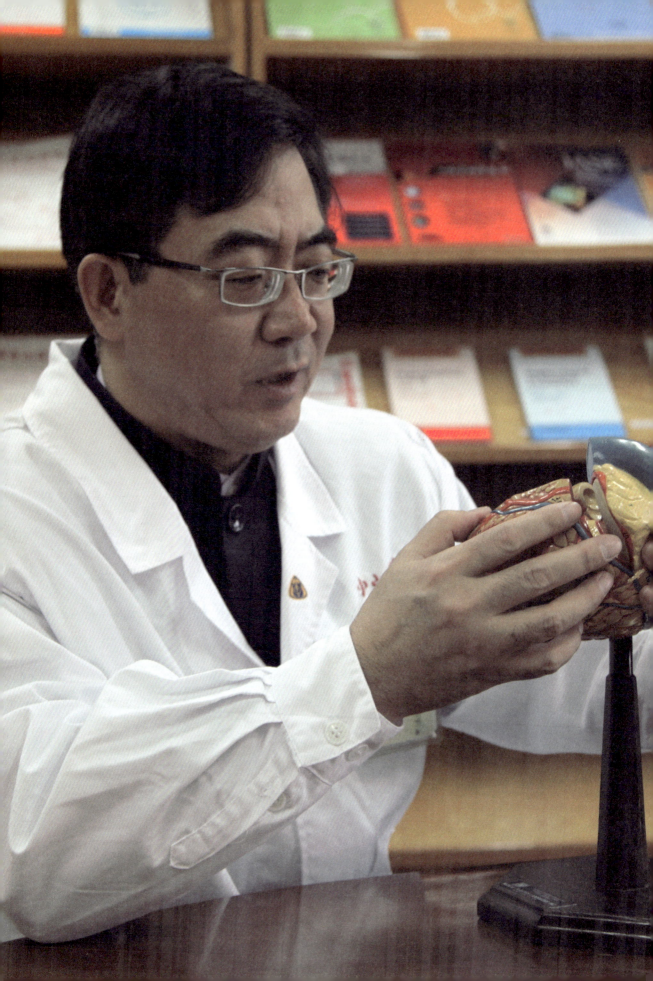

葛均波惯以淳良脱俗的眼光与心态看待世界，这已经成为他性格基因中的特征，也是其化解压力和风险，宽容误解与打击，抵御负面能量，保持心境澄明，妥善安放灵魂的绝活。这是一种经过常年磨砺而生发的心理动能。

某次到北京开"两会"，葛均波与同为山东老乡的作家莫言谈起当下社会环境中的医患关系。他告诉莫言自己儿时亲身经历的小故事："有一天，老家下大雨，河水漫过桥面。我见一位想过河的小脚老太太正站在河边发愁，就背起她，双脚试探着水平面下的青石板桥面，一步一挪地过了河。老太太非常感谢，打听到我的姓名，后来逢人就夸我是个好孩子，长大会有出息。因为老太太及旁人的表扬，我觉得再淘气多不好意思啊，于是变得勤奋上进。"后来莫言在多次公开讲话中，曾谈及这个有趣的小故事作为例证而广为流传。当然，很多人并不知道故事里的小主人公就是少年时代的葛均波。

在葛均波看来，无论面对医患矛盾还是教育问题，乃至种种社会流弊，应尽量扩散正能量，这有利于消减戾气，令人际关系向友善和谐的状态发展。

对个人修身而言，善恶就存于一念之间，从自我培养"瞬间善念"起步，并使之成为一种即时反应与习惯，人格自然会逐步提升，整体生存状态也会随之越变越好。

葛均波惯以淳良脱俗的眼光与心态看待世界，这已经成为他性格基因中的特征，也是其化解压力和风险，宽容误解与打击，抵御负面能量，保持心境澄明，妥善安放灵魂的绝活。

让每一位病人获得最好的治疗，
让每一位病人获得新生。

良医仁心

葛均波在走廊那端一出现，我立刻就认出了他，因为他果然身穿"标志性"的立领中式外套，类似装束很多次出现在关于他的报道图片和视频中。他曾说："这种立领服装是我们的民族服装——中山装，也是中国的和民族的符号，我对它情有独钟，并借此明确地告诉世界，我就是中国人！"我想，他在德国医学界事业起步阶段就取得良好开局之际，能毅然回归报效祖国，一定是受心灵深处无法割舍的祖国和民族情结的强烈驱使。

葛均波从世界各地收集的纪念品，还有他业余爱好弹奏的乐器，也是他平时的减压工具——三弦，都被杂乱地堆放在地上，还有一束鲜艳的玫瑰花，非常显眼——某位患者新近赠送的。这些占据了他办公室近一半的空间。贴墙放置的书柜中，随意摆放着几张国际荣誉证书以及业界名人合影……见我正环顾四周，葛均波有些腼腆地搓搓手说："有些乱吧？不好意思，太忙了，实在没空整理。"

采访中，葛均波回顾起青少年时代的生活。他出生在山东省日照县的农村，年轻时，学习成绩优异的他在故乡曾做过57天的乡村小学教员。他爷爷非常希望他以后能成为人民教师，但葛均波志不在

此。1979年，即"文革"结束后恢复高考的第三年，他考上了青岛医学院，从此走上治病救人的征途。我觉得，假设他像长辈所期待的那般投身教育界，一定会同样的出色——医生是拯救身体，教师是引领灵魂。

葛均波长期从事如此繁重艰辛，且具有风险的专业，并取得了丰硕的成果，他的家人必定付出了许多。然而对此他却不愿详谈，只回答了一句："我的孩子很小就独自上学了。家人习惯了……"这个"习惯了"瞬间击中了我，令我猛然体会到他那种"一言难尽"，并夹杂着无奈和愧疚的深切感受！

一连几小时身穿十几公斤的手术防辐射服，还要负重站立完成精密的心脏手术，到底是种什么样的滋味？作为读写人的我即便想象力再丰富，都无法切身体会。对葛均波而言，则引发了他严重的腰椎病变，为此还动过两次手术。

2002年某日，中山医院的手术室里，一台难度颇高的心脏手术正在紧张地进行中。隔着手术台的玻璃窗后面，还放置了一张病床，床上半躺着的葛均波，正通过即时视频，用沉稳而坚定的口吻，指导着主刀医师执行手术。他因突发严重的腰椎病而卧床不起，可是又对这台手术怎么也放心不下，坚持要亲临现场。

2010年11月，就在他腰椎病严重发作之际，正逢接诊一位急需手术治疗的重症患者。在那台手术进程中，葛均波的背后自始至终站着一位壮汉，他伸着双臂，从后面半抱半架着葛均波。如此，葛均波才能坚持顺利完成了主刀工作。

上述的动人情景是在我采访葛均波的同事时得知的。在我的写作生涯中，曾采访过很多悬壶济世的医学界人士，甚至曾通宵在急诊室陪同值班，体验生活。随着了解的相对深入，医护人员，特别是经常与死神直面交锋的开刀医生，在我心目中就像"神一样的存在"。关于葛均波的采访结束后，更加深了我对医生的职业敬佩感。

葛均波及其所代表的医生群体如同手持传承千年的薪火，带领与扶携落入病魔深渊的患者，踏尽坎坷，寻求生路。他们妙手回春；他们克己奉公；他们矢志不渝，他们是黑暗禁区的探索者；他们是生命之光的守护者，他们都是希波克拉底的忠实门徒……

职工信赖的『娘家人』

——吴振祥

颁奖词

　　老黄牛一般的辛勤耕耘，孺子牛一样的为民服务，你塑造了基层工会干部在人们心目中的崭新形象。心系职工疾苦，维护职工利益，"九化工作法"让职工群众切实感受到娘家人的温暖、贴心人的力量。

职业履历

姓 名	吴振祥
年 龄	55
性 别	男
单 位	宝山区顾村镇总工会
学 历	大专
职 务	工会主席
职 称	经济师

荣誉榜

★ 上海市职工职业道德建设十佳标兵
★ 全国优秀工会工作者
★ 全国五一劳动奖章

职业经历

★ 历任宝山区长兴乡团委书记、宣传干事、组织人事
　干部、长兴乡北兴村党支部书记、长兴乡副乡长。
★ 现任宝山区顾村镇总工会主席。

职业生涯中最难忘的事

顾村镇长浜村因为征地补偿、社会保障、动拆迁等问题，引发了大规模群体性事件。我临危受命，率党委工作组驻村入户，妥善解决了这个长达10年的历史遗留问题，得到了长浜村所有生产队长联名赠送的锦旗。

职业生涯的自我评价

我很平凡，但我很认真。

职业格言

唯下高于唯上，基础实于表象，内容重于形式，务实胜于务虚。

心中偶像　孔繁森、郭明义
兴趣爱好　拳操、阅读、字典、地图

职工信赖的"娘家人"

文/董 煜

"全国五一劳动奖章"是为表彰那些在经济建设、政治建设、文化建设和社会建设中作出突出贡献的先进职工而颁发的荣誉奖章，是中国工人阶级最高奖项之一。在人们的经验中，能获得这个奖项的都是在高科技领域取得重大成果的专家学者，一般的管理干部

或基层工作者想获得这个荣誉是极其不容易的，可吴振祥，上海市宝山区顾村镇总工会主席，一个从农家走出来的朴实汉子，一名基层的工会工作者，却凭着自己的创新思路和扎实工作，一举摘下了这项桂冠。

是不是有点不可思议？

有作为，才会有地位

顾村镇位于宝山区中西部，六七百年前，一家姓顾的四兄弟来此拓荒，一代代地繁衍，至今已成了一个拥有三十多万人的大镇。十四年前，原任长兴乡副乡长的吴振祥，被调任到顾村镇任总工会主席。

当副乡长那会，虽然劳累，但劳有所获，每天干的都是实打实的工作，有点成绩也看得见，可印象中工会工作总是比较虚的，上任前找几个外单位的工会同志聊聊，也都是叹苦经的多，说工会没地位，要人无人，要钱无钱，最多只是帮行政补补台而已。这些话吴振祥根本不信，过去职工都是单位人，生老病死，企业全包。市场经济了，职工都成了社会人，维护他们的各种权益都要靠工会，工会的作用那么大，怎么会没有地位？他相信事在人为。

万事开头难。初到顾村镇，各方面条件都不具备，工会只有两个人，除了吴振祥这个主席，下面只有一个副主席。基层组织不健全，非公企业的工会组建率几乎是零。没有组织，干什么都是一句空话，吴振祥决定，自己这新官上任的第一把火就是打基础，狠狠抓一下基层组织建设。

吴振祥从企业借来一名工会干部，三个人开始"走街串巷"。刚开始，很多企业的门都进不了，经常被人用"领导不在家"搪塞。有一家外资企业，吴振祥上门多次，厂方总是推说建立工会组织需要浦东总部同意，吴振祥再去浦东，浦东总部又推说需要美国总部批准。来来回回很多次，吴振祥苦口婆心地跟他们讲理、说法，历时一年多才得到落实。

顾村镇约有13.5万名外来人员，其中相当一部分人是在家庭式的微小型企业工作，还有一些是从事卖菜、维修等个体经营者，他们分散租住在当地居民小区，游离于工会组织之外。吴振祥推出了"租住地工会"这一新模式，先后在沈杨、星星两个村建立社区工会，使外来务工职工8小时以外也能得到工会的关心和帮助。沿街小商户为数众多、门类纷杂，劳资矛盾易发频发，吴振祥又在共富地区成立沿街商户协会，同步建立街面工会，让沿街小商户的职工也有了"娘家"。

吴振祥的这把火足足烧了4年，他采取"抓

大、圈中、盖小、归类、联谊"的组建方式，分门别类地建立了独立工会、区域工会、社区工会、行业工会，覆盖企业1000多家，基本实现了横向到边、纵向到底的工会组织网络化和全覆盖。

工作是要人做的，有了组织，还需要配备工会干部，可在当时，企业工会主席绝大多数是兼职，没有额外酬劳，缺乏工作动力。至于社区工会、行业工会，要落实工会工作就更加难了，推行工会干部职业化，这个貌似不可能的难题，成为吴振祥的又一个工作目标。他向镇政府主动申请市场管理职能，组建了一支13人的工会工作者兼职队伍，在做工会工作的同时，通过协助政府做好小微企业的消防、安全、劳动、税收等工作，由政府出资购买服务，解决工会工作者的工资及工会活动经费。目前，顾村镇总工会"兵强马壮"，镇总工会有11名专职工会干部，区域、行业工会实行工会主席派出制，非公企业独立工会主席实行职业津贴。一大批思想政治素质好、业务能力水平高的工会专职干部和相对充裕的工作经费，保证了镇总工会各项工作的落实。

有作为，才会有地位。吴振祥，正是靠他的一番作为，让顾村镇总工会成为有能力、有实力、有作用力的工会，并先后荣获"全国百家示范乡镇（街道）工会"、"全国模范职工之家"等全国、市、区六十多项荣誉。

抓弱点，才能出成绩

说起吴振祥，大家的第一印象就是，他善于学习，肯动脑筋。习总书记曾强调，工会工作要顺应时代要求、适应

有作为，才会有地位。吴振祥，正是靠他的一番作为，让顾村镇总工会成为有能力、有实力、有作用力的工会。

社会变化，善于创造科学有效的工作方法。吴振祥也在多年的工作实践中摸索创造了一套"七化"工作法，得到全总领导的首肯，并在全国乡镇街道工会主席培训班上授过课。目前，他又不断丰富"七化"工作法的内涵和外延，形成了切合新时期工会工作实践的"九化"工作法，破解了工作中的许多疑点和难点。（吴振祥"九化"工作法：工会组建网络化、工会干部职业化、职工维权条块化、评先创优一线化、职工帮困互助化、职工文化民间化、工会工作社会化、自身

建设规范化、疑难问题溶解化。）

吴振祥的这些工作法都是在长年工作实践中提炼出来的。

一次，吴振祥在参与一起劳动纠纷调解时发现，当地一个村域企业女工上班时上厕所，竟被扣罚了50元。老吴找到老板，对方告知是"照章办事"，并"理直气壮"出示了"企业规章制度"。虽然经过调解，最终为女职工讨回了公道，但此事引起了吴振祥的关注。经过深入调研，吴振祥发现，在一些尚处于原始积累期的村企，大多沿用"家长式"粗放管理模式，管理制度五花八门，随意处罚、辞退职工时有发生。能不能通过集体协商制定统一的企业管理规章，规范区域内企业的管理行为呢？吴振祥选择陈行村进行了试点，由村区域工会与区域企业进行平等协商，最终形成了8个方面37条企业规章制度，将国家有关企业用工、社会责任的法律、规定，细化为区域企业遵守的共同准则和劳资双方的自觉行为。

不久，吴振祥又了解到，计件工资仍是许多企业的选择。但一些企业制定劳动定额很随意，约有10%的职工在8小时内不能完成劳动定额，如果要求企业在8小时外支付职工加班工资，执行起来又很困难。吴振祥以此为突破点，全面推进工资集体协商，很快拿出了集体协商中计件工资的计算方法，既有效保障了职工权益，又易于企业操作，得到了区劳动部门的认可。

顾村地处市郊，职工文化娱乐活动少。很多企业仍然停留在发电影票的阶段，即使组织一些文体活动，也由于活动内容单一，始终形不成气候。擅动脑筋的吴振祥又有了奇

思妙想，他在全镇的职工中进行调查摸底，根据调研结果，先后成立了书画、拳操、摄影、乒乓等俱乐部，并出面与体委、文化站、社区文化中心等部门协商，充分利用空置的文化活动场所，满足职工文娱活动的需求。每年举行各种赛事，由镇总工会搭台，企业唱戏，通过抽签，让当值企业出资冠名主持，使职工的文化活动回归民间。目前，这一举措

得到了企业和职工的积极响应，一些赛事已经排到了2016年。

很多同行对吴振祥非常钦佩，前来学习的络绎不绝，吴振祥很坦诚地告诉大家，有些干部喜欢抓亮点，看上去光鲜，但基础不牢，没有可持续性。而自己每年的工作抓的都是弱点，只有弱的都变强了，工作才能得心应手，才有可能出成绩。

自身正，才能服众人

吴振祥出生在一个普通的农民家庭，父母为人本分，勤劳朴实，尽心尽责地拉扯大五个孩子。吴振祥是家中老四，从小到大，他没有从父母口中听到什么大道理，但父母的言

传身教让他懂得，做任何事都要认认真真。

少年吴振祥最喜欢做的事就是维护正义，学生中发生了纠纷，他常常会站出来说句公道话。当了工会主席，他更是心系职工，想方设法维护职工权益，因为处事公正，所以化解了很多棘手的群体性事件。

上海鑫升自行车零件厂是顾村镇镇办集体企业，职工三百来人，绝大多数是本镇户籍，前几年受全球金融危机影响，企业生产订单严重不足，无法正常支付职工工资，被迫停产后，职工多次到镇政府上访，要求解决欠薪及工作岗位等一系列问题。面对这一烫手山芋，总工会主动介入，组织劳资双方对涉及职工切身利益的12个方面进行集体协商，并主动与镇域内的企业联系，先后帮助近两百名职工落实了工作岗位，及时化解了这一矛盾。

上海新格有色金属有限公司是一家民企，2011年因为一次加薪方案引起了几百名职工集体停工，双方各执一词，互不相让，资方还扬言将对停工职工按旷工解除劳动关系。眼看矛盾就要升级，吴振祥多次到现场与劳资双方沟通，他采取"实事求是不偏袒、推心置腹讲感情、换位思考谈感受"的工作方法，不仅化解了这次矛盾，还推进了该企业的集体协商工作，从源头预防了劳资矛盾的发生。

现在，吴振祥已成为顾村镇有名的"老娘舅"，职工或企业遇到什么烦心事，都会向他反映，请他"出山"，因为大家信得过他。

吴振祥对自己的职业评价是：我很平凡，但我很认真。或许，就是这"认真"二字，才是吴振祥成功的法宝。

从小到大，他没有从父母口中听到什么大道理，但父母的言传身教让他懂得，做任何事都要认认真真。

　　吴振祥的绝活就是"集体协商"。集体协商机制是工会作为职工方代表与企业方就涉及职工权利的事项，为达到一致意见而建立的沟通和协商解决机制。很多人只把集体协商看作是一个工作要求，但在吴振祥手上，却成了解决劳资矛盾的金钥匙。

　　2010年，顾村镇长浜村因为2004年遗留的征地补偿、社会保障、动拆迁等涉及村民切身利益的众多问题长期得不到解决而引发了群体性事件，数百名上访者封锁了镇政府的大门，公安局出动了100多名警察维持秩序，更有多人到北京上访，但相关部委协调未果，一时成为一起十分棘手的事件。吴振祥受镇党委委派带着3人小组进驻长浜村，他坚信只要建立了沟通渠道，百分之七八十的矛盾都能得到解决，面对村民的发泄甚至辱骂，无法召集规模会议，他化整为零，请村民层层选派代表，召开了几十个小型座谈会加上个别访谈，以法说服人，以情打动人，稳定了村民情绪。他采用工会集体协商的办法，抓住主要矛盾与村民代表协商，然后汇总村民合理的诉求，递交给镇党委，由镇党委和政府班子成员把各自分管的问题领回去设法解决。由于所有的处理过程都公开透明，加上吴振祥耐心细致的工作，这起长达10年的顾村镇乃至宝山区的历史遗留问题得以妥善解决，长浜村所有的生产队长还联名送给吴振祥一面上书"为民排忧解难，办事公正廉洁"的锦旗。

> 很多人只把集体协商看作是一个工作要求，但在吴振祥手上，却成了解决劳资矛盾的金钥匙。

把自己多年的工作实践写成《街镇工会实务》，留给社会。

低调做人高调做事

老柳当年也是一家大企业的工会工作者，退休了在吴振祥这里当志愿者。请他谈谈对吴振祥的印象，他想了一下，说，老吴做人很低调。

在顾村镇方圆四十多平方公里的地面上，吴振祥也算是个名人了，特别是他带队解决了好几起棘手的大型群体事件之后，已经成为老百姓口中的明星，但吴振祥为人低调，无架子，跟老百姓没有距离，经常走在街上，便有人老吴老吴地叫，或是问好，或是向他反映情况。有时吴振祥想推出一个新的措施，也会下去走访了解，问到的人都会"知无不言"，所以吴振祥推出的工作法既有前瞻性、整体性，又很接地气，具有可操作性。

老柳说到一件事。

这些年，吴振祥获得了很多荣誉，上海市五一劳动奖章、全国五一劳动奖章、上海市职工职业道德十佳标兵、全国优秀工会工作者等，顾村镇因为吴振祥而出名，前来学习访问的人络绎不绝，但吴振祥总是很低调，把成绩都归功于镇党委的集体决策和工会干部的工作努力。有一次，他请老柳帮工会写工作总结，老柳根据上级总工会的要求，洋洋洒洒地写了许多，吴振祥看了却说，有些事我们没做，不要写。老柳声辩说，那都

是上级要求的呀。吴振祥再次强调，我们一定要实事求是，没做过的事，就是不能写。

这件事给老柳留下了很深的印象。

后来的采访，我进一步印证了老柳的话，吴振祥确实是个低调的人。

2009年3月，上海市民心工程廉租房和配套商品房顾村基地一期动迁老安村中毛宅地块，有二十多户村民因各种原因抱团组成"集体钉子户"，时间长达三年之久，吴振祥再一次受镇党委委派带队进驻该村推进动迁工作。不巧的是，妻子在家中不慎跌跤，四根胸肋骨骨折，吴振祥居然一点都不声张，白天做好工会的本职工作，傍晚进队入户与动迁户沟通，深夜回到家还要帮妻子翻身擦身，经常睡眠只有三四个小时，整整四个多月没有睡过一个安稳觉，最终，老安村的动迁任务得以顺利解决。

那天跟吴振祥聊了几个小时，谈的都是工会工作，像这样涉及他个人的"事迹"，他提都未提，事后我还是从别人嘴里打听到的。

与低调做人相反，吴振祥做事却十分高调。他积极争取镇党委的领导，探索建立了"顾村公惠职工服务社"，推动建立和利用政府与工会联席会议的机制，通过工会与政府相关职能部门、相关社会组织的联席会议、信息互通、条块对接、联合巡查等措施，争取更多的社会资源为工会所用。走进顾村镇的地域，大街小巷都能见到贴在墙上的"顾村镇总工会"微信二维码，吴振祥说，帮职工维权，他承诺要逐步实现"四个零"：答复职工询问零时差、与职工交流零障碍、为职工排忧解难零等待、宣传教育信息传递零距离。有了这些新载体，为职工提供维权服务就可以大大增速。

吴振祥独辟蹊径创造的"九化"工作法，依我看已经很圆满了，可吴振祥仍在考虑新的突破。2014年，他与社区事务受理服务中心联手举办春秋就业招聘会，共动员72家企业提供了1242个岗位。工会怎么又管起招聘来了？见我摸不着头脑，他笑着说："就业是民生之本嘛，这也是工会拓展援助服务的一个新领域。"

这个农民的儿子，会一直往前走的。

徜徉艺海的『醉陶人』

——蒋国兴

颁奖词

　　一位倔强的艺术家，一位虔诚的传统文明守护者。这个和世界上最柔软的材料打交道的人，却有着最刚强的信念。你总是以出人意料的方式，用人类共通的语言，让中国文化打动世界，让五千年文明跃然呈现。

职业履历

姓　　名	蒋国兴
年　　龄	50
性　　别	男
单　　位	上海供春陶业有限公司
学　　历	硕士研究生
职　　务	总工艺师
职　　称	国家一级美术师、高级工艺师

荣誉榜

★ 上海市十大科技创新英才
★ 全国五一劳动奖章

职业经历

★ 在江苏省宜兴陶瓷站当过搬运工、检验员，开始学习彩陶工艺。
★ 师从制陶名人王石耕学习陶艺造型，受教于李游宇大师学习陶艺装饰，并作为引进人才入户上海。
★ 创建陶艺工作室——田申斋，承担上海优秀文物保护建筑的陶艺修复工作。
★ 现任上海供春陶业有限公司艺术总监、总工艺师。

职业生涯中最难忘的事

2002年为上海东方艺术中心设计创作陶瓷艺术壁挂"身如彩翼双飞舞"，历经两年，获得十六项设计专利，荣获大世界吉尼斯纪录。

职业生涯的自我评价

不拘一格，不落俗套，不同凡响。

职业格言

三不主义——做人家不能做的，不敢做的，不想做的陶艺作品。

心中偶像　供春（紫砂壶的祖师爷）
兴趣爱好　诗歌

徜徉艺海的"醉陶人"

文/ 胡 敏

小试身手

我面朝一幢梦幻般的建筑，向大家讲述一个陶艺大师的故事。

这栋建筑位于陕西路延安路口。楼房有两尖顶，状如积木搭出，阳光下，镶嵌在楼房表面的无数琉璃饰件七彩流溢、熠熠闪光，让人仿佛置身于童话世界。这楼房已有80多

年历史，最早的主人是一个名叫马勒的犹太人。据说马勒的宝贝女儿在睡梦中走进了安徒生的童话世界，醒来后便用笔画出了梦境里的一栋奇异楼房，跟父亲说想要。其父正好赌马发了一笔财，便欣然同意，按照女儿的梦境所见造下了这栋楼房。因其造型奇特，上海市政府将其列为一级保护建筑，命名"马勒公寓"。"因梦而生一座优秀建筑"也成为脍炙人口的一段佳话。

可是，在1998年时，这楼房并不似现在的靓丽，数十年的风侵雨蚀，致楼房满目破败斑驳。市政府有关部门便决定修缮，并立下原则：修旧如旧，保持原有的建筑风貌。担任工程设计的主建筑师章明为一道难题犯愁了：破损的琉璃陶瓷饰件几乎都得换，可是却找不到合适的生产厂家。广东、江西，都跑遍了，所遇之人都对她摇头。要做出真正的琉璃陶瓷很难，而如果把真正的琉璃陶瓷做成"虽新犹旧"，就更难了！章明到了宜兴。宜兴被称作陶都，做陶瓷的厂家、工作室遍地都是。章明一家家跑，但依然是失望。直到她遇上了一个叫蒋国兴的年轻人，才松了一口气。蒋国兴也在做着一个陶瓷工作室。一听章明说这事，蒋国兴顿时就两眼放光，断然决然地说，我可以试试！这样的热情是章明从没遇到的。可是，章明很慎重，就说，那就先试试吧。

　　蒋国兴为什么兴奋起来了？恰和他自己的梦想有关。蒋国兴在1985年便开始从事跟陶瓷相关的工作，不过，一开始他只是陶瓷采购供应站的一名堆缸工，其时年方21，刚走出校门。虽是一名大中专生，但必须从最基层做起。各色陶缸陶坛，每一只都数十斤，甚至上百斤，要堆成一垛垛的，全凭力气。一个文弱书生，要和那些五大三粗的老师傅们做一样的活，很累很苦，但他却做得非常尽心，从不抱怨，深得领导和老师傅们的好评。一年后，领导让他当了一名陶瓷质量检验员。那时候，宜兴窑场各陶瓷厂家生产的产品，基本上都由陶瓷采购供应站统一向外批发销售，无论是粗笨的大缸大坛、成套的罐头等日用陶器，还是精美的紫砂器，进

入销售环节前都得通过检验。蒋国兴成天泡在各陶瓷厂的车间、窑场、仓库里，细心地检验着各式各样的陶瓷制品。时间长了，那些老陶工师傅们都很喜欢这个有文化、聪明好学、不怕苦又能干的小伙子。几年的陶瓷质量检验经历，使蒋国兴熟悉了各种陶瓷门类的生产技术和环节，也练就了一双对各种陶瓷制品洞察细微的专业眼光。但是，所有这些，绝不是蒋国兴最终想要学的本事，他有自己的梦想和追求。生长在陶都的人，几乎人人都会萌发成为陶瓷工艺大师的念头。蒋国兴亦然。在这过程中，他感到幸运的是认识了师傅王石耕。王石耕是被授予"江苏省工艺美术名人"荣誉的制壶大师，为上世纪三十年代风靡上海收藏界的制壶名手王寅春的长子。蒋国兴在王石耕师傅的精心辅导下，开始专门研习紫砂技艺。

在制壶技艺不断精进的同时，蒋国兴还在思考和探索，他想做"大陶瓷"！所谓"大陶瓷"，就是室内室外的环境装饰陶瓷艺术。中国建筑和陶瓷的结合最早可以追溯到商代。一想到金碧辉煌的皇宫建筑和九龙壁、琉璃栏这些流芳千古的陶瓷艺术佳作，蒋国兴就激动不已。

上世纪90年代初，蒋国兴办理了留职停薪，开始专注于陶瓷艺术领域的创业和打拼。蒋国兴经常跑上海，他要拓宽视野，丰富知识，他更在敏感地寻找陶瓷行业的商机，拓展自己的市场空间。那段时间，他常常会流连在上海滩诸如"马勒公寓"这样的优秀老建筑跟前。他看到过"马勒公寓"的破落相，心里早就暗暗萌生起帮它漂亮起来的念头。如今机会来了，他岂能不紧紧抓住！

次日，他就到上海，拿回破损的琉璃陶瓷原件细细研

几年的陶瓷质量检验经历，使蒋国兴熟悉了各种陶瓷门类的生产技术和环节，也练就了一双对各种陶瓷制品洞察细微的专业眼光。

究。他终于弄明白，釉层玻璃体和陶质胎体膨胀系数不一，受日晒雨淋，陶质坯体易膨胀，从而带动釉面玻璃层开裂，所以就有了"鱼籽纹"。如果釉面和胎体结合得不好，还容易脱落。明白了这个道理，就可以从釉面配方和陶坯胎内在质量的改善上下功夫。经过50多次的试制，蒋国兴终于烧造出跟旧琉璃陶瓷饰件外观一样的新琉璃陶瓷饰件！当他把试制品拿到章明跟前时，章明大喜，这正是她想要的！"马勒公寓"按计划修缮完成了，所有琉璃陶瓷饰件都是蒋国兴带领工匠团队制作完成的，所有的饰件现场修复安装工程也是蒋国兴带领他的团队完成的。"马勒公寓"终于又重新圆了

马勒女儿的梦想。蒋国兴"妙手回春"修复古建筑陶瓷装饰创下一段佳话。更重要的是，他陶瓷梦想的翅膀从此开始在被喻为世界建筑博览地的上海滩腾飞！

展翅飞跃

其后，上海宝华寺、上海音乐厅等的修复，又找到蒋国兴。蒋国兴将在"马勒公寓"上取得的经验又运用在这些修复工程上，同样取得成功。蒋国兴在上海音乐厅外墙修复上显露出来的高超技艺也值得一提。工程要求对上海音乐厅保留70多年来风化侵蚀形成的历史沉淀感和沧桑感。蒋国兴先用数码相机将外墙表面全部拍下来，分析出色彩变化特点，据此烧造出深浅不同的跟原貌毫无二致的陶砖，铺完后整体色彩过渡自然，浑然一体，令验收的专家啧啧称奇，大加赞誉。这个工程因出色的"修旧如旧"效果而荣获上海白玉兰奖。

成功修复优秀老建筑，无疑展现了蒋国兴高超的陶瓷技艺。但他并不满足于此，他有更高远的艺术探求。有段时间，他的身影常会出现在一些大型公共空间，比如摩天大楼、地铁站、公园、展馆、居民社区内。在公共场所，他常常会对着一幅幅大型壁画久久凝视，此时，他神思飞扬，思绪翻腾。他在想，假如用陶瓷作载体，那画面一定会更新颖更别致。那么如果仅做成大幅的陶瓷平面，不过就是大点的瓷板画，也并不新奇。应该是什么样的形式呢？蒋国兴在苦苦地寻找，他要找出一种完全是创新的并且能为大众接受的样式。该是什么呢？蒋国兴一种种地想，又一种种地否定，直到有一天他偶尔看到一个用一块块竹片串连起来的壁挂，

他脑海里灵光一闪,暗暗叫道:有了,就是它!他为此激动了好一阵子。一种大型陶瓷壁挂的艺术构思在他脑子里渐渐地落下根来。

机会总是为有准备的人留的。到本世纪初的一天,法国著名设计师保罗·安德鲁给蒋国兴带来了这个千载难逢的艺术实践机会。保罗·安德鲁何许人?他就是著名的戴高乐国际机场、北京国家大剧院的设计者。这个名字令人肃然起敬。上海在建造东方艺术中心时请到了他做总设计。保罗·安德鲁在谈到自己对东方艺术中心的设计思想时强调:这应该是一个充满东方神韵和中国风格的建筑,当然,它还应该是个能给人带来丰富艺术想象和艺术享受的场所。他最终的主建筑设计定稿是蝴蝶形状,在内部装饰上,他坚定地选用陶瓷材料,但究竟是以什么样式出现,他坦率说自己其实并不清楚。

工程指挥部开始物色陶瓷装饰设计人选。国内多个陶瓷产区的制陶高手都受邀跃跃欲试,蒋国兴也有幸列为其中之一。指挥部要求在一定的期限内拿出方案,并做出实物试样。用意很清楚,谁的东西好、谁的方案有创意就用谁的。蒋国兴暗暗鼓励自己,一定要把这个实现自己艺术理想的机会抓住,拼全力抓住!于是立即筹款230万,一头扎进地处宜兴的窑厂,开始了制作陶瓷壁挂样品的拼搏。也不知道经过多少次的试验,无数次的失败,无数次的改进完善,终于把从来没有人做过的陶瓷壁挂试件做了出来。指挥部的领导闻讯来了,保罗·安德鲁也来了,都觉得蒋国兴的陶瓷壁挂独树一帜,其艺术表现力和感染力都优于其他方案,于是决定选用蒋国兴的作品。

2004年9月7日,东方艺术中心陶瓷壁挂工程完工。蒋国兴将

机会总是为有准备的人留的。

其命名为：身如彩翼双飞舞。由14万片不同色彩陶瓷片构成的巨型壁挂犹如成千上万只美丽的蝴蝶展翅待飞，斑斓纷呈；又如千层瀑布披挂在天地间，气势恢宏，尽显雄壮、坦荡之美。在现场最激动的人是保罗·安德鲁，他惊叹：这是我梦中的宝石，是中国的！东方艺术中心的巨型壁挂以其罕见的独创性获得了16项国家专利，并创下大世界吉尼斯纪录。

蒋国兴在自己40岁的时候，完成了陶瓷人生的一次飞跃，也为传统陶瓷艺术应用于公共空间装饰拓开了一个崭新的领域。

永在路上

蒋国兴在追寻"大陶瓷"博大精深的同时，还在执著于陶瓷精细之美的孜孜追求。

自从2002年被上海市作为特殊艺术人才引进，正式落户上海以来，这位上海市工艺美术大师、中国陶瓷设计艺术大师带领他的陶艺创新团队，先后承担了市级研发创新项目5个。每一个项目，从设计到制作到具体实施，流程中的每一个环节，蒋国兴都让徒弟们全程参与，使他们从中获取经验，迅速成长。

在上海市总工会和高行镇镇政府的大力支持下，蒋国兴劳模创新工作室于2014年9月5日正式挂牌成立。今年1月15日，笔者走进了设在浦东新区高行文化活动中心内的蒋国兴劳模创新工作室。在陶艺作品陈列室，笔者看到了蒋国兴及其团队更多浓缩了的大型陶瓷景观艺术作品《万象缤纷》、《飞天云》、《鱼乐图》、《陶涌风雅》、《京剧交响》、《陶梦殇情》、《英烈昂首》、《外滩源》……这些或大气磅礴，或情调优雅的艺术品散布在外滩、剧院、宾馆、地铁站、街道、公园等公共场所，为上海这座国际大都市抹上了一笔笔奇异而靓丽的色彩。

蒋国兴还特地介绍了他正在热衷做的一个新品种——企业文化壶。所谓企业文化壶，即把企业文化、经营理念承载在紫砂壶上。蒋国兴固执地认为，用紫砂壶这样一种极具生命力、亲和力的日常用品，作为一个企业的文化载体，实在是最合适不过了。

近年来，蒋国兴已经先后为多家企业设计创作了企业文化壶。例如："福海壶"、"方正壶"、"金光梦幻壶"、"悦达壶"、"亚非壶"、"鸿运壶"等等。一把把构思精巧、意涵深邃的文化壶给企业经营者们带去一个个意外的惊喜。例如"北大方正壶"，壶身凸出别致的红色方形块，不仅显示一种优雅的美感，更像是在传递北大方正"方方正正做人、实实在在做事"的企业核心理念。这样的巧妙构思，让人不由得暗暗称绝。企业文化壶的创作成功，可谓紫砂壶大花园中开出的一朵全新而夺目的奇葩。

在陶瓷艺术这个万象缤纷的世界里，已经获得一个又一个成功的蒋国兴仍然沉醉其中，努力追寻着最初的梦想，从未懈怠。

> 蒋国兴在追寻"大陶瓷"博大精深的同时，还在执著于陶瓷精细之美的孜孜追求。

"泛彩",是蒋国兴在大型陶瓷艺术壁挂创作实践中,为丰富釉面色彩、取得自然和谐的艺术效果,而独创性提出的全新概念。泛彩,是指釉上彩的综合运用装饰形式,即粉彩、古彩、新彩、中低温釉水等釉上彩的综合运用。粉彩、古彩、新彩、中低温釉水等釉上彩,都是传统的陶瓷工艺,在艺术表现上,可以说各有所长。蒋国兴带领他的创作团队,博采国内各地陶瓷制作施釉技法之所长,为我所用,融会贯通,逐渐形成这一海派艺术特色的陶瓷制作工艺。代表作品是世博洲际大酒店陶瓷装饰画《万象缤纷》。(见左图)

创作中,蒋国兴带领他的团队,在环太湖地区古老彩陶艺术的基础上,博采众长,融会宜兴陶成型技艺和景德镇瓷的装饰技法,融合潮州的白、山东的鲁彩、湖南的绿、景德镇的粉彩等多种釉料,加上独特的中间剂,按不同配比、不同釉层厚度和陶片窑变过程科学而严格的温度控制,终于成功烧制出中国陶瓷制作史上从未出现过的多种过渡颜色,填补了国内在这个领域的多项空白。作品《万象缤纷》色彩层次丰富、形象表现手法新潮、有张扬的个性和强烈的视觉冲击力。

另外蒋国兴在陶瓷工艺稀释料的运用上,也打破常规,使用了从来没有人用过的汽油、二甲苯、松节油、洗洁精、肥皂水等。当然,这些材料的运用绝非随意,而是依"随类赋色"的原则恰当选用。

蒋国兴带领他的创作团队,博采国内各地陶瓷制作施釉技法之所长,为我所用,融会贯通,逐渐形成这一海派艺术特色的陶瓷制作工艺——泛彩。

职 业 梦 想

行走在"无中生有"的精神世界，
陶醉在"绝无仅有"的陶艺空间。

作家手记

艺术的出路惟在创新

听蒋国兴介绍自己的艺术主张和艺术实践，我大有茅塞顿开之感。

艺术的出路惟在创新——蒋国兴坚定地这样认为。蒋国兴的成功恰恰也证明了这一点。

其实，说是蒋国兴提出了这样的观点，还不如说是他忠实地遵循了艺术发展规律。就中国的陶艺历史来说，其发展脉络就是贯穿着创新这样一条生命线。从新石器时期彩陶开始，几千年来，发生了一次又一次陶瓷制作技术与陶瓷装饰技法的革命。它伴随着朝代的兴衰，从原始走向文明，如唐三彩、宋青瓷、元青花、明五彩、清粉彩等，时代脉络十分清晰，无数具有鲜明时代风格与特色的陶瓷瑰宝不断涌现，永远在中华文明发展史上熠熠生辉。

蒋国兴认为向传统学习诚属必需。他每谈及自己的成功，总要提及从众多民间高手的学艺经历，对自己的恩师王石耕、徐秀棠更是感激不尽。2012年，他跟著名作家叶辛合作写成《紫砂巨匠王寅春》一书，全书26万字，可以说字字倾注他对传统技艺的钦佩，对前辈老师的崇敬。王寅春是他师父王石耕的父亲，可谓师祖。从这事，可以看出他对优良传统的崇拜。

可是，蒋国兴又十分推崇"从传统中冲出来"。说冲，不说走，可见不被传统束缚是要有勇气的。而囿于传统者，只管沉浸在自我欣赏和得意中，就难以前进，难以有所作为。还有一种人推崇脱离传统文化的虚无主义，对本国宝贵的传统文化和技术不屑一顾，只热衷于把西方艺术观点和方法拿过来生吞活咽。像这样不从本国实际出发，不尊重本国民众审美习惯和文化需求的所谓艺术家也难以被社会所承认。将蒋国兴成功的艺术实践跟以上两种人相对照，能引起我们很深刻的思索。

蒋国兴的成功正是很好地回答了"艺术家的艺术创造怎样跟社会发展有机契合，怎样在追随时代发展脚步中迸发生命力"的问题，或者说是解决了常常会令一些艺术家苦恼的"无路可走"问题。当一门艺术走到难以继续发展，难以在社会立足的时候，我们是否应该考虑一下如何摆脱"孤芳自赏"，如何"迎合"大众的需求？当然，作为一名艺术家，是决不可以空喊"紧跟时代脚步"口号的；艺术创新也不是轻易就可以实现的。

蒋国兴热爱陶瓷艺术，对陶瓷艺术怀有真挚而热烈的情感；蒋国兴勤奋好学，在繁忙的"大陶瓷"实践中，他竟然还读完了复旦大学硕士课程，还数次远赴异国求学进修，像蜜蜂一样如饥如渴地博采知识的营养，这也是他总能敏锐地抓住陶瓷艺术发展的商机，能够最终完满克服艺术实践中遇到的重重困难的重要原因。

相信，有更多行业更多的艺术追寻者可以从蒋国兴身上得到启迪。

蒋国兴热爱陶瓷艺术，对陶瓷艺术怀有真挚而热烈的情感。

火眼金睛的国门卫士

——高波

颁奖词

　　静能屏幕苦守,动能亮剑突击。狐狸再狡猾,也斗不过好猎手。你是天罗地网的一根可靠的经纬线,是国门上的一双机警的眼睛,是祖国一块坚实的盾牌。因为有你和你的战友,我们才能享受阳光的灿烂!

禹波

职业履历

姓 名	高 波	
年 龄	40	
性 别	男	
单 位	上海机场出入境边防检查站	
学 历	大学本科	
职 务	队长、二级警督	

荣誉榜

★ 全国优秀人民警察
★ 全国五一劳动奖章

职业经历

★ 历年来供职于虹桥边防检查站入境三科、虹桥边防检查站办公室法制组、浦东出入境边防检查站二线队、浦东出入境边防检查站审查队。
★ 现任上海机场出入境边防检查站十五队队长、二级警督。

职业生涯中最难忘的事

2006年12月，应法国内政部邀请赴法国巴黎对法国移民官员进行授课。这是我人生中一段难忘而深刻的记忆，给外国同行授课交流，内心的自豪感油然而生，因为这意味着我们的证件研究水平已经渐渐得到了外国同行的认可，意味着我们终于有机会向世界展示中国边检警察的风采。

职业生涯的自我评价

踏实做人，勤恳做事，真诚待人。

职业格言

以钻研为己任，以创新为动力，以一流为目标，以分享为快乐。

心中偶像　　邓小平
兴趣爱好　　登山、游泳

劳模风范

火眼金睛的国门卫士

文/冯 强

举国瞩目的"猎狐2014"专项行动取得了辉煌战果。在此之中，上海机场边检站十五队队长高波和他的战友们，又一次向党和人民交出了一份令人满意的答卷：排查出1550名可疑人员，发现25名已变换身份的嫌疑人，协助其他公安机关成功抓捕10人。他们用自己艰苦卓绝的行动，向着高波证

件研究工作室墙上的那一排红色大字："国内一流的证研团队，国际权威的证研品牌"，又迈进了一大步。

宝剑锋从磨砺出

2006年12月，一封来自法国内政部的证件研究交流活动邀请函，送到了高波手里。他将在巴黎这个浪漫之都，对法国的移民官授课。那天，当彬彬有礼的主持人介绍，这位来自上海边检的证研专家年仅32岁时，台下顿时传来了质疑的目光。早有准备的高波，针对法国同仁比较感兴趣的护照证件制作和真伪鉴别，用略快的语速，作了一场极具专业性、针对性的研究报告，顿时震慑了法国同行，引来了非常热烈的掌声。紧接着，又引来了20余次国内外的授课邀请，由此他一举成名，成为公认的全国出入境系统赫赫有名的证件鉴别专家。然而熟悉他的同事都说，高波能成为专家，是坚持"长跑"，用无数个工作日和不眠之夜换来的。

1996年7月，平时喜欢长跑锻炼身体的高波，从上海公安专科学校毕业了。良好的专业基础和身体素质，为他后来的

"成名成家"打下了重要基石。从1998年在虹桥机场法制组接触证件检查开始，直到2002年，兢兢业业、埋头苦干的高波，被领导慧眼独识，调任浦东国际机场边检站二线队，全力投入证件辨伪工作，这离他被评为全国优秀人民警察的称号，尚有4年时间。在这段时间里，整整4年，高波一直在奔跑，一直在苦苦探索证件鉴别工作从"师傅带徒弟"的传统方式，快速奔向科学化、系统化、理论化的路子。

其实，高波刚接触这项工作时就发现，从全国范围来讲，当时的证件鉴别工作都处在初级阶段，没有可以比照的

数据库，没有高级精密仪器协助，更没有系统的书籍可以学习借鉴。在非法出入境形势日益严峻的情况下，一切仍凭经验、凭工作态度，难免会出现漏洞和差错。这是刺激他快速奔跑的直接原因。令人欣慰的是，高波的师傅、后来成为总站边检处处长的聂仁东，是国内的证件鉴别权威。在他帮助、鼓励下，高波逐渐找到了自己的感觉。他先是用单位里仅有的一台200万像素的数码相机，把有关的证件和图片拍下来，存入电脑，作为研究对象。日积月累，他在这些数据中寻找规律性的东西。深夜，别人早已进入梦乡，高波为钻研疑难问题，常常仍在兴趣十足地探寻证件上的差异和规律，并用文字记录下来。有一次，高波在执勤现场取到一本最新的美国护照，但必须在第二天退还。通过这本护照，不仅可以记录下许多有用的证研数据，以此作为鉴别工作的样本，同时对提高自己的鉴别能力也有很大帮

助。由于那时的电脑很落后，分析工作快不起来，高波通宵达旦，当清晨的第一缕阳光从窗户射进来时，才完成了全部工作。这时，兴奋异常的高波竟连一点睡意都没有。像这样的不眠之夜成了高波的常态。经过连续一年半的连轴转，高波的证研水平飞速提高，而一本具有里程碑意义的《边防检查常遇证件、签证真伪鉴别》也同时诞生了。

高超的证研鉴别能力，是边检十五队的利剑，在高波带领下，十五队的伪证鉴别率直线上升。大家都说，持之以恒地刻苦钻研，是高波和十五队利剑在握的首要原因。而勇于实践、善于学习，马不停蹄地利用一切机会，虚心向国内高手和澳大利亚、加拿大、法国等外国同行学习，非常认真地听取那些专家的上课，是高波掌握利剑的又一个重要原因。是啊，利剑在握，高波离他第一次"长跑比赛"的终点——出席在巴黎举行的证研交流活动，向与会的外国同行授课已不远了。这真是：宝剑锋从磨砺出，梅花香自苦寒来。

> 宝剑锋从磨砺出，梅花香自苦寒来。

火眼金睛破悬案

高波审理过4000多起遣返案件，多次破获非法出入境重案要案；他办理的5000多个行政处罚案件中，没发生过一起错案，也未接到一起旅客投诉；他先后鉴定了16000本各类出入境证件，从未发生一起错误。在上海机场边检站荣誉室的一个专柜里，摆满了高波获得的荣誉奖状，其中有全国优秀人民警察、全国"五一"劳动奖章、公安部出入境管理局及上海市市级机关优秀共产党员等等。面对这些荣誉，高波谦虚地说，荣誉属于集体、属于过去。

是的，功勋卓著的边检十五队，在高波的率领下，破获过无数案件，牢牢地守卫着浦东机场出入境的大门，守卫着祖国的出入境大门。由此，在高波的同事中，流传着许多十五队破案的精彩故事。其中，"双胞胎弟弟冒充哥哥"闯关的故事，真的有点玄。用高波自己的话来说，只要稍微疏忽，可能就被他蒙混过关了。那天，弟弟持哥哥的护照出关，正好碰到高波值班，护照是真的，询问其家里情况也是对答如流，可凭高波对照片的细微分析，觉得照片上人的耳朵，与此人的耳朵略有差别。当查看那人的通讯录时，又发现上面有其哥哥的信息。正常情况下，没有人会把自己的信息记录在自己通讯录上的。于是，他们联系了嫌疑人的母亲，终于解开了这个谜团。而利用辨别耳朵的差异，则成了高波的绝招。2006年发生的浙江籍蛇头引带儿童非法出入境案，在辨别照片时，由于护照照片与真人年龄相差大，很难找到相同的特征，也是从辨别耳朵上取得了突破，抓获了蛇头，还连带破获了十几个相关的案子。

说起那些曲折而充满悬念的破案经历，有一个案件的侦破故事是不能不说的。事情发生在2011年3月。那天，出境口来了5个南方某省的人，他们将去法国旅游。这些人的打扮看上去很普通，却有些神色不定，还在一边窃窃私议，没有初次去法国的人无意间都会流露出来的兴奋。当"随意"问问他们去法国哪些地方时，却一点也说不清楚。检查员判断：这些人肯定有问题。但奇怪的是，在查看他们的证件后，答案是：证件齐全，看不出破绽。高波获悉这一情况后，迅速作出了打开行李、重点检查的决定。时间一分一秒地在过去，离那些人登机离境的时间越来越近，如查不出问题，耽

误了航班，就必须赔偿这批人的损失。正在这个节骨眼上，发现了其中一人的手机在机盖与电池间，夹带了一把薄薄的刀片。这一发现使高波和同事们确信自己的判断是正确的，而且这些人肯定是想利用假签证非法前往第三国。但用习惯的方式仔细检查那些人的行李箱后，却仍然找不出可能夹带的第三国假签证。这时已到了登机时间，怎么办？大家心急

如焚。在这千钧一发之际，高波作出了决定："剪开拉杆箱夹层，进行破坏性检查"。终于在飞机起飞前，查到其中的一个拉杆箱的夹层里，暗藏着5张假签证。原来这个箱子是在小作坊里制作的，在制作过程中，就把假签证预先缝在了夹层里。后来，通过办案人员的追踪排摸，成功查获了与此有关的23名违法嫌疑人和9张假签证，为摧毁这个非法组织内地居民去境外劳务的偷渡集团，奠定了基础。这真是：千钧一发做决定，火眼金睛破悬案。

众志成城铸国门

2014年，当处在改革开放前沿的浦东国际机场，日均起降国际航班420余架次、出入境旅客超过7万人次，在全国排名第一，高波和他的战友们，为顺应机场发展，为当一名优秀的国门卫士作出了更大努力。此时，高波思考得最多、下功夫最多的，同样是完成"如何顺应机场超速发展"这个命题。然而，他的重点则在充分发挥证研工作室的作用，和持续不断地编书、编教材，推广证研工作的经验，让更多的人成为这方面的专家，让更多的人超越自己。

高波的胸怀是宽广的，高波的努力更是无可挑剔。有一件事给大家留下了非常深刻的印象。这还要追溯到2011年11月，眼看就要到年底了，公安部出入境管理局突然下达了一项重要任务：为统一全国的边检业务培训和考试，要求高波和边检十五队编写证研题库，并在两个月内完成。队里立即抽调了8个同志，白天连着晚上编写，24小时住在站里。当时，高波的孩子刚读三年级，这是最需要父母关心和照顾

他的重点则在充分发挥证研工作室的作用，和持续不断地编书、编教材，推广证研工作的经验，让更多的人成为这方面的专家，让更多的人超越自己。

的时候，而妻子是洋山边检站站长，工作同样是没日没夜的。于是，高波只能请自己的老父老母帮忙照顾孩子了，自己想女儿时，就打个电话，听听她的声音，听她在电话里叫一声："爸爸"。就这样，按常规需要半年或更长时间的工作量，在高波和战友的共同努力下，提前完成了。这是全国出入境边检系统首个证研题库，拥有5000多道题目，这也是他们利用十多年积累起来的资料和经验，经过汇总、梳理、编撰成的，题库成了公安部的一"宝"，一直延用至今。事后，当有人问起这两个月不回家，没有任何奖金、奖励，值不值时，高波的回答很简单：只要对培养证研人才有利，就值！

说起培养人才，肯定得说一说高波证研工作室。为了扩大高波效应，在上级领导的关心支持下，2012年命名、诞生了高波证研工作室。它分两部分，其中一部分是在机场边检总站办公楼里，在这个以培训为主的工作室里，至今已走出了数百名踌躇满志的学员，他们奔向全国各个地方，担当起神圣的边检证件鉴别任务，守护着祖国的门户。值得一提的是，经过十多年的努力，证研教材从过去的一穷二白，已发展成小有规模，甚至可以说进入了世界前列。在这之中有

《边防常遇证件、签证真伪鉴别》、《出入境证件鉴别》、《识别可疑出入境旅客和证件入门手册》、《旅客形态鉴别基础教程》、《伪假出入境证件前台快速查验》等，这些书摆满了工作室的书架，这些书每一本都流淌着高波他们的汗水和心血。高波还参与、设计、研发了"出入境证件查询系统"，这一软件，填补了我国边检机关在证件鉴别领域的多项空白。有意思的是，由于高波和他的团队卓有成效的培训工作，公安部出入境管理局原来在全国有8个证研培训基地，现在都统一到了高波证研工作室一家。从这个侧面又一次反映"国内一流的证研团队，国际权威的证研品牌"已初露端倪。

功成名就，现在高波完全可以坐享已取得的累累硕果了，但他不仅没有这样做，还在不断思考新的问题，还在不断挑战自己的极限。2014年年底，一本洋洋700余页、配图3200幅、逾12万字的《世界各国出入境验讫章》诞生了。这本书整整编写了三年啊，人生有多少个三年？这里又有多少个不眠之夜？而高波与他的团队硬是挤出了这一个三年，把它献给了自己最热爱的边检事业。

有人说得好：高波是国门卫士中的优秀代表，他以自己18年的从警之路，经历和见证了边检民警对平凡的超越，对使命的承诺。虽已身处领导岗位，高波仍在第一线、在战士的岗位上冲锋陷阵；高波仍在路上、在长跑的路上奋勇向前。然而在他身后，已形成了一支浩浩荡荡的边检证研队伍，他们用自己的火眼金睛，守护着祖国的尊严、守护着人民的幸福生活。这真是：高波效应满边检，众志成城铸国门。

高波是国门卫士中的优秀代表，他以自己18年的从警之路，经历和见证了边检民警对平凡的超越，对使命的承诺。

绝活揭秘

高波有绝活，人人都知道，将近二十年的一线工作经历，鉴定数以万计的出入境证件，拍摄、收集几十万张世界各国证件、签证、验讫章的细节图片……长期的经验总结和沉淀练就了他去伪存真的绝活，再逼真的伪假证件，经他过目，几秒钟就得出结论。

"要把肉眼训练成带放大镜功能"，高波常对大家说。对浦东口岸常见的几十个国家的出入境证件，常人难以发现的特殊暗记，高波经过细致观察，逐一攻克并熟记于心；世界各国的出入境证件，从制作过程到防伪手段，他硬是摸出了规律。于是，快速打击、一招制敌成为了他的绝活儿之一。

判断一本证件是否真实并不难，难的是如何断定它既真实又合法有效。双胞胎冒用对方证件、非法建户骗领出入境证件、持用本人真实证件出境后企图境外迂回偷渡……这些真实证件背后的非法手段，都逃不出他的眼睛，这是他长期职业生涯养成的"第六感"，是他的绝活儿之二。

凭借自己多年的工作实践，高波摸索总结了"六字"证件鉴定法，即：翻、找、比、排、联、断。这套方法大大提高了一线民警鉴定证件真伪的效率，为严密口岸管控、加快通关速度发挥了重要作用。除此之外，建立证件研究体系、开展证研理论研究、编撰边检系统证研教科书……善于总结，发挥辐射效应，带动全国边检系统证研水平整体提高，是他的绝活儿之三。

将近二十年的一线工作经历，鉴定数以万计的出入境证件，拍摄、收集几十万张世界各国证件、签证、验讫章的细节图片……

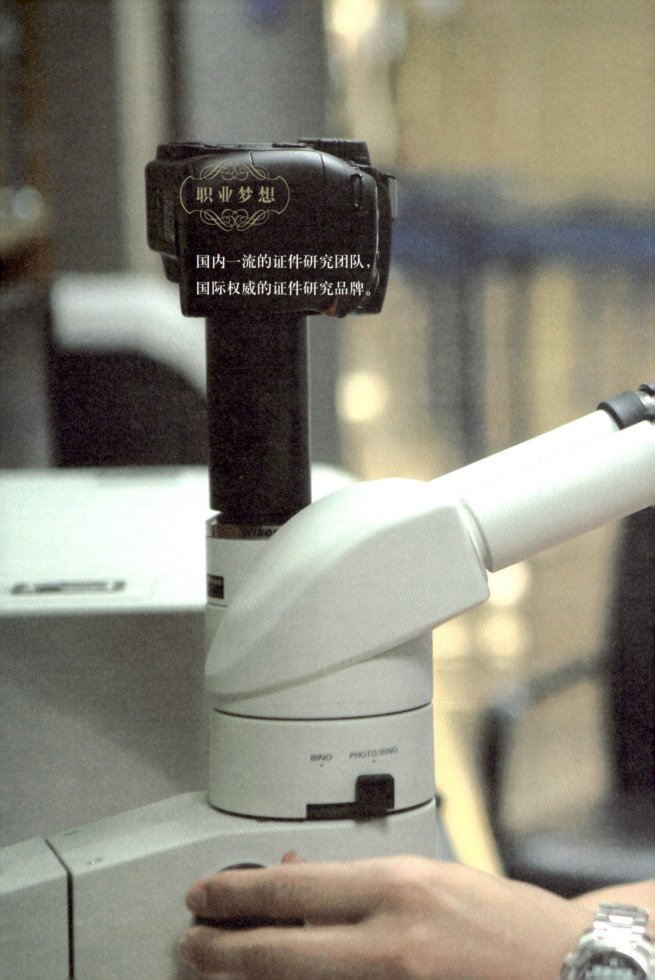

职业梦想

国内一流的证件研究团队，
国际权威的证件研究品牌。

英雄所见略同

　　高波是我心目中的英雄。他在浦东国际机场边检站工作，而我则在金山，两地相距90公里，但我们的心零距离。

　　像我这样五十年代出生的人，受传统教育影响很深，大都有英雄情结。出于工作或写作需要，当一个又一个"弯弓射大雕"的当代英雄，在我面前精彩亮相时，当高波在我面前平静地亮相时，我最深的感受是："英雄所见略同"——我们的当代英雄，他们为战胜眼前的"敌人"，手中的"钢枪"已被高科技、高智商、高学历等取代。而高波在这方面显得特别突出。

　　他很忙，约见的成功率很低。好不容易逮到一次，却是在他休息日的下午。在他满是高级仪器设备的工作室，刚打开话匣子，却来了十几位同事在一边等他。原来第二天市领导要来视察，他们利用高波"休息"的机会，得预先安排一下。于是只能以飞行速度采访，以迅速降落结束。而当我整理好第一次采访记录，电话预约第二次补充采访时，不仅提前了四天，心里已准备好推迟、再推迟。

　　比约时间更难的是，写高波，能参考的现成文字资料并不多，在去浦东国际机场前，仔细搜索网上的资料后，我也是这么认为的。但直到我参观了机场边检站的荣誉室后，才发现这是个很大的误会。足足二百多平方米的荣誉室，里面的橱窗和展板，满满地记载着高波及他的十五队，还有整个边检站的光荣事迹。这些可歌可泣的事迹，这些以辨别证件真伪等为主要业绩所获得的光荣，是"台上五分钟，台下十年功"的真实写照，也是肩负着祖国的重托，以国门卫士为荣耀的真实写照。

要写好高波，资料和细节是土壤，但只有把自己的感情融合进去，才能引爆读者。恰好，我接到市总工会的写作任务时，正是"猎狐2014"圆满收官，高波与他的团队再一次"载誉荣归"之时。我选择高波，与铺天盖地的猎狐报道不无关系，但更重要的还是与心里的英雄情结有关，容易碰撞出感情的火花。采访时，我把这一想法对高波和盘托出，不料，虽已估计到他不会把自己也演绎成英雄，却没有想到他避开了这个话题，他更多的是以团队的作用、自己成长中的引路人为荣耀、为自豪、为话题。他对自己的团队和引路人说得很多，这大大增加了我的采访难度，当时略有"埋怨"，事后却又一次感到，这也是"英雄所见略同"：我心目中的英雄，他们不乏谦虚和谨慎，情商很高。

采写、修改、无数次修改。现在，当我拧开台灯，又一次仔细审读《国门卫士》时，最想做的却是给高波发一个邮件，告诉他，完成这篇稿件后，真的有点"昔人已乘黄鹤去"的感觉，却又并非"此地空余黄鹤楼"，因为我又多了一个值得敬仰和骄傲的朋友，又多了一个可以永远记忆的人物。或许我的这项工作已告一段落，但我们的友谊刚刚开始。

我心目中的英雄，他们不乏谦虚和谨慎，情商很高。

中国『大飞机』的圆梦人

——严林芳

颁奖词

　　当一个人的梦想与民族的梦想同步合拍的时候，一定会放射出惊天动地的能量。你代表的群英，使我们的民族自强、自信、自力、自尊。当你和你的伙伴，摘下大飞机那颗璀璨的明珠时，我们不禁喝彩：中华巾帼，好样的！

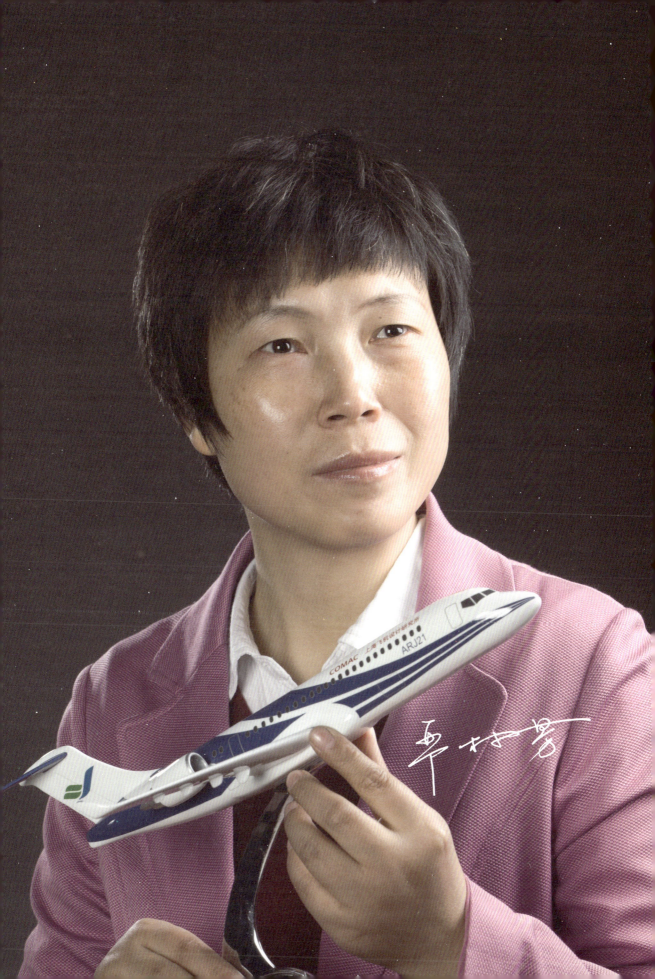

职业履历

姓　　名	严林芳
年　　龄	44
性　　别	女
单　　位	中国商飞上海飞机设计研究院航电部
学　　历	大学本科
职　　务	部长
职　　称	研究员

荣誉榜

★ 全国三八红旗手
★ 全国劳动模范

职业经历

★ 历任上海飞机设计研究所电子电气设计研究室设计员、副组长、专业组组长、研究室副主任、上海飞机设计研究所综合航电设计研究室副主任。
★ 现任上海飞机设计研究院综合航电设计研究部部长。

职业生涯中最难忘的事

2008年11月28日，ARJ21-700飞机成功首飞。

职业生涯的自我评价

敢于担当，勇于挑战，团队协作，追求卓越。

职业格言

不在意一时得失，先树立全局观念；不苛刻外部条件，先做到问心无愧。

心中偶像　钱学森

兴趣爱好　看书、听音乐

中国"大飞机"的圆梦人

文/宋 毅

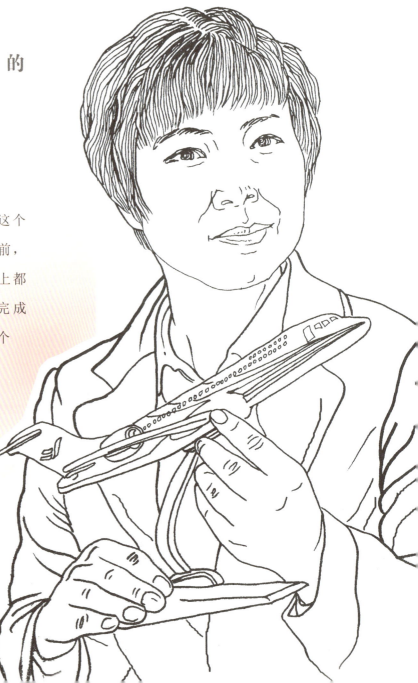

如今"大飞机"这个名词已耳熟能详，目前，民用航空运输90%以上都是由大型民用飞机完成的。离开大飞机，一个国家的现代民航就无从谈起，军事上的战略打击力量也就不完整。根据中国商飞市场预测，未来二十年

（2014-2033），全球将有35166架新客机交付，其中涡扇支线客机占14%，为4541架。单通道喷气客机需求最大，占比为64%，共计22760架。仅中国市场就将接收5500多架新机，总价值高达6700多亿美元。面对如此巨大的市场，够资格参与竞争的国家却寥寥无几，在现代制造业的产业链中，大飞机无可争辩地处在顶端，是改革开放的标志性工程、创新型国家的标志性工程，是整个装备制造业综合实力的体现，可谓是"工业之花"。可研制零部件达百万级别的大飞机，需要解决的问题远非一般项目能比。对此，自1994年大学毕业至今，严林芳在民用飞机航空电子系统集成设计战线上坚守了整整20年。20年光阴岁月中，有攻坚的艰辛，有探索的不易，更有克难的喜悦，有成长的幸福。

筚路蓝缕，从无到有

大飞机对任何一个国家而言，都是可以划入战略级别的东西。对我国而言，更是经过了三上三下，几十年的论证探索，最终才由国家一锤定音，大飞机一定要制造出来！但对于中国的大飞机梦想者和建设者来说，梦想如何照进现实，除了将取决于中国航空工业的技术基础、工业技术和投资水平外，考验的更是他们的意志、勇气、市场意识以及对无数次打击的承受能力，而以严林芳为代表的中国商飞人则完美地经受住了这些近乎残酷的考验。

飞机项目的研制自上而下可分为全机级、系统级、子系统级和设备级，在项目研制初期，作为一名普通设计员的严林芳，和她的同事们主要负责子系统设计和设备安装支架设计、设备架和设备布局工作。"当时处在摸索阶段，很多东西都需要探索和构建，工作压力很大，工作量也不少，很多情况下都是一人将数字样机和系统工作双肩挑了"。在这种学习压力和工作强度都很高的情况下，包括严林芳在内的数百名设计人员加班加点、奋力探索，最终完成了全部飞机结构图纸和系统图纸的发放。2006年，ARJ21飞机转入全面试制阶段，也是在这一年，严林芳成为了电子电气室副主任。为确保航电系统的整体研制进展，她将全部精力放在了ARJ21飞机航电系统的设计和试验任务上，短短几个月，审定、会签了技术方案、技术要求、适航计划、试验大纲、各类技术报告、手册和协调单等技术文件5000余份。2006年11月，ARJ21飞机航空电子系统综合试验启动并取得圆满成功。2008年9月，航电系统中期软件与飞控系统中期软件的交联试验完成……时任上海飞机设计研究所航电室主任的严林芳都参与并见证了这些时刻。

从无到有，严林芳用她20年的坚守打造出了一支横跨3个型号、包含10个专业方向、160余人的大型设计团队，团队包括海外专家5人，工程师以上设计人员占比78.8%。

"如何让设计研发团队发挥最大合力，在领导层面来说，最重要的就是技术民主。"

"如何让设计研发团队发挥最大合力，在领导层面来说，最重要的就是技术民主。"充分的讨论、积极的探讨，能让领导在决策时思考得更加科学、考虑得更加全面，也能让职工们在思想交锋和观点探讨中不断锻炼沟通能力，提升技术水平。"开明"、"民主"、"对事不对人"是严林芳领导风格的鲜明特色，她说，"一个好的技术负责人一定要是民主的、宽容的，要能听得进各种不同的意见、各种不一样的声音。"也正是得益于这种技术氛围，航电部在核心能力建设、具体工作项实施方面少走了很多弯路。

"严部长是一个非常重视自我学习、自我提高的人。"每一位和严林芳共过事的人，都从心底里佩服她对学习对工作对事业那种全身心的投入和热爱。一直保持有计划地学习也是严林芳的一个好习惯。不论是语言学习还是业务提升，她都坚持不折不扣地完成。而这种学习的劲头反映在团队建设上，则表现为对核心能力建设的高度重视和积极推进。作为公司"系统共通性"负责人，她从2012年开始就着力推进标准规范的编制、预研课题的立项论证，以及逻辑建模和工程建模工作，在航电成员的共同努力下，目前取得了阶段性的工作成果。

"管理之星"、"技术之星"、"科技优秀者"、"季度之星"等各种评选，部门范围内客观、公正的绩效考核及配套措施，集体生日、家属开放日、滴水湖健康走等多样化的集体活

动……严林芳坚持精神激励与物质鼓励两手抓，探索出了一条行之有效的团队激励和建设方法。"让真正干活的人有被认可的感觉，让各有所长的职工们都能在各自擅长的领域获得成就感"，这是严林芳的人才管理理念，也是她一直追求并在逐渐达成的目标。

斗智斗勇，不畏艰辛

"大飞机"是一个系统工程，不论是美国的波音公司还

是集全欧盟之力打造出的空客公司，他们制造飞机不约而同地采用了全球供货的模式，中国商飞亦采纳了此种办法，向全世界进行采购。对于新生的中国商飞而言，很多老牌国际供应商免不了摆出一副老资格的姿态，往往不是在合同中设置陷阱，就是遇到故障，首先将责任推卸给中方，用老资格向中国商飞的设计团队施压。对此，严林芳率领航电部的同仁们斗智斗勇，用过硬的技术水平，让国外同行们心服口服。

2011年，某航电系统在试飞过程中出现失效，如不能尽快排除故障，必然会影响ARJ21飞机的试飞进程。在排故过程中，海外专家认为故障是由连接线路引起的，要求项目组成员对所有连接线路逐线进行检查。严林芳同志则认为线路没有问题，顶住技术权威的压力，指导并带领项目组成员在试验室开展了故障重现试验，经过一周的连续攻关和技术讨论，最终查明是某著名国际航空供应商提供的设备未作静电屏蔽，导致设备受到静电放电影响所致的故障。面对无可辩驳的事实，供应商哑口无言，只得按照中方的要求重新增加静电屏蔽装置。

与供应商的协调、谈判和技术难点讨论也是严林芳和她的团队需要付出大量心力和时间的工作。尤其是在项目的具体推进过程中，会发生这样那样的特殊情况或者设计更改，而在这时就需要尽快与供应商进行协调和沟通，及时提出更改需求，确定更改方案。2010年7月，严林芳带领部分科室负责人来到美国与供应商柯林斯公司进行谈判协调，整整两周时间里，白天他们与供应商就SSEC、备用仪表、发动机指示与技术告警系统等进行紧张的谈判和讨论，晚上又与国内本部门的其他科室成员开电话会议，汇报谈判进展，及时了解协调需求和要求。随行的员工用"日夜颠倒甚至不分昼夜"来形容这两周的工作状态，然而也正是这样"不眠不休"的协调和努力，最终使得各项工作都取得了阶段性进展，为后续工作的有序开展打牢了基础。

当被问到"目前为止的整个研制过程中，让你印象最深刻的事情是什么"时，严林芳毫不犹豫地回答："是2008年的ARJ21飞机的首飞。" 11月27日，也就是首飞前夜，ARJ21飞机首架机的航电系统发现某项故障，虽不会影响飞机的安全飞行，但为了全面保障首飞，严林芳和她的团队仍加班加点进行排故处理，接近凌晨两点，故障终于得以排除。11月28日，从12时23分飞机开始滑行起，包括严林芳在内的工作人员始终紧密关注着监视大厅里显示器上呈现的飞行数据和系统参数，以便在出现波动时及时进行处理，最终在13时24分，飞机安全着陆。"当时的心情真的是无以言表，你为之奋斗了数不清的日日夜夜，为之付出了许多心血和汗水，遇到了很多困难，碰到了很多挫折，但是你心中一直坚信一定会实现的梦想，终于切切实实实现了。"ARJ21首飞成功也更坚定了严林芳的一个信念："干航空确实要比其他行业付出多一些、挑战大一些，但相对的，带来的成就感也是其他行业无法相比的。"

首飞成功之后，ARJ21进入了研发试飞、符合性试飞、审定试飞阶段。自那以后，严林芳每年累计至少有5个月时间都在外场。乌鲁木齐、银川、东营、格尔木、阎良等机场时常出现严林芳与基层设计员进行系统排故、试验指导、试飞数据分析的身影。有一次，ARJ21飞机某架机试飞过程中出现了

> "当时的心情真的是无以言表，你为之奋斗了数不清的日日夜夜，为之付出了许多心血和汗水，遇到了很多困难，碰到了很多挫折，但是你心中一直坚信一定会实现的梦想，终于切切实实实现了。"

故障。为了更清楚地了解故障现象，搜集和获得故障现象的第一手资料，她亲自登上试飞飞机，在5000米的高空体验飞行近3小时，在飞行过程中，她仔细观察相关系统，搜集相关数据，最终在最短的时间内对故障进行了准确定位，为故障的最终解决提供了有力的依据。众所周知，飞机试飞都难免

存在风险，而严林芳是第一个体验ARJ21飞机飞行的女科研人员。当被问及乘坐飞机的时候心里是否害怕时，她笑着说，"我虽然没能成为第一个登上ARJ21的设计员，但是很光荣地成为了第一个登上ARJ21的女设计员，所以我反而还是挺兴奋的，而且就乘坐体验和舒适度来说，我们研制的ARJ21飞机还是很不错的，这也让我很有成就感。"

古人云："为者常成，行者常至"，严林芳用她20年的坚守和奋斗印证了这一点。二十载风雨砥砺，二十载春华秋实，"回首过去，收获满满，展望未来，再接再厉"，严林芳将和众多商飞人一道，为了大飞机梦，为了中国梦，风雨兼程，携手前行……

严林芳属于专家型的技术领导。从一线设计员一路走来，她对设计、安装、试验和排故等各个环节都十分清楚，对导航、通信、指示记录、自动飞行和机载维护专业也非常熟悉，因此她愿意将工作重心放在技术方面。尤其是以前电子和电气同属一个专业，严部长对布线等专业也很了解，相比较大多数设计员，严部长对技术更加全面，并有大局观。

电磁环境效应（E3）适航验证是美国联邦航空局（FAA）、中国民用适航条列CCAR适航条款规定的内容。在ARJ21项目启动之时，国内民机电磁环境效应防护方面无论是设计还是适航的研究都尚处于起步阶段，可供参照的先例少之又少。电磁环境效应防护专业性很强，涉及电子电气设备的防电磁加固、电缆敷设、接地、搭接设计，而且包括结构的防电磁屏蔽设计。为解决ARJ21飞机电磁兼容试验难题，航电部专门成立了电磁环境效应攻关小组。严林芳作为攻关组组长，率队进行多方相关调研工作，请教国内专家和国外供应商，同时带领设计员夜以继日地挑灯苦战，查标准、啃资料，一年又一年，工作积累从无到有、从弱到强，由试验设计到试验验证，由系统交联到全机交联，由试验控制到结果分析，他们攻克了一个又一个难题，历经多年的艰苦鏖战，成功地完成了全机电磁兼容试验、全机高强度辐射场试验和全机闪电间接效应试验三项机上地面试验，其中全机高强度辐射场试验和全机闪电间接效应试验都属于国内首次。E3三大适航取证试验的完成，为民用飞机的适航取证奠定了坚实的基础，为国内民机电磁环境效应领域的适航验证提供了宝贵经验。

职业梦想

打造一支经验丰富的民机系统设计师队伍。

敢于担当 铿锵玫瑰

初见严林芳，是在总工会的会上。进入会议室之后，我恰巧就坐在严部长附近，于是很快便认识并攀谈起来。采访严林芳，是我拿到劳模名单之后，第一时间做出的决定。之所以有这样的想法，首先源于我大学长达六年的留学生涯，在留学的那段日子里，经常会乘坐各种航空公司的飞机在欧洲或洲际之间飞来飞去，在乘坐的客机中，有美国的波音飞机，也有欧盟的空客飞机，偶尔也会有加拿大的庞巴迪飞机，却没有任何一架飞机是中国公司的产品。当时心里就在想，我什么时候可以乘坐上"国产"的客机呢？其次我自小就是个军迷，对我们如今这个大工业与电子机械化时代最顶尖的造物——"大飞机"自然尤为好奇。严林芳身为中国商飞航电部的带头人，从她身上，我相信会有很大的收获。

严林芳给人的第一印象非常朴素，远不是常人印象中那种科技精英、高级专家的模样，但一谈起她的工作便滔滔不绝，对飞机研发的各种细节如数家珍，骄傲与自豪洋溢在她的脸上，整个人突然便散发出无穷的魅力。

在与严林芳的交流中，我了解了商飞人在研制"大飞机"上的不易，从设计起，就有无数的难题需要解决，其间不但要与国际航空设备供应商们斗智斗勇，还得随时随地解决各种匪夷所思的故障。因此，形容她工作最多的一个形容词那就是"忙"，为此中国商飞的工会姚主任还很不好意思地说，严林芳实在太忙了，因此采访最好一次完成。此时我还注意到一个小细节，严林芳的手机屏幕都摔碎了，都没有时间再去换个新的手机。有这么忙吗？我心里不禁有了一丝疑问，在我的追问下，才知道严林芳对自己实行了一种"7-13"工作制，即每周工作7天，每天工作13小时，不论酷暑严寒都节假无休，年复一年奋战在工作岗位。而在ARJ21首飞试飞成功之后，她甚至一年中有五个月都离家在外，就是为了保障ARJ21的最后成功。ARJ21飞机研制的十二年，覆盖了她女儿小学和中学的重要阶段，这十二年里，她没有太多的时间和精力照管女儿的生活和学习，在这其中，她身为一个女人，一个妈妈，付出了太多太多。

如今，ARJ21已经正式拿到中国民航局颁发的型号合格证，严林芳又马不停蹄地投入到了下一个型号的飞机研制工作当中，新型号的飞机更大，技术含量更高，采用的标准更加严格。严林芳不仅要负责原本航电系统集成的工作，还需牵头负责其他所有机载设备及动力装置、机械液压、全机电网络等的集成工作，工作的复杂性和专业覆盖面扩展了数倍，是一个全新的挑战，而她却凛然无惧，迎难而上。

她说："为了中国能够实现'大飞机'的梦想，我可以付出一切！"

她做到了！

"为了中国能够实现'大飞机'的梦想，我可以付出一切！"

图书在版编目（CIP）数据

闪光的群体：上海市"劳模年度人物"2014 /上海市总工会编.
—上海：上海三联书店，2015.3
ISBN 978-7-5426-5114-3

Ⅰ.①闪⋯ Ⅱ.①上⋯ Ⅲ.①劳动模范－先进事迹－上海市－现代
Ⅳ.①K820.851

中国版本图书馆CIP数据核字（2015）第051556号

闪光的群体：上海市"劳模年度人物"2014

编　　者 / 上海市总工会

责任编辑 / 陈启甸
特约编辑 / 张　凡
装帧设计 / 朱静蔚
人物漫画 / 钱幼树
肖像摄影 / 谢荣生
监　　制 / 李　敏
责任校对 / 张思珍

出版发行 / 上海三联书店
　　　　　（201199）中国上海市闵行区都市路4855号2座10楼
网　　址 / www.sjpc1932.com
邮购电话 / 021-24175971
印　　刷 / 上海江杨装订有限公司

版　　次 / 2015年3月第1版
印　　次 / 2015年3月第1次印刷
开　　本 / 787×1092　1/16
字　　数 / 220 千字
印　　张 / 13.25
书　　号 / ISBN 978-7-5426-5114-3/K·315
定　　价 / 58.00元